AF578427

HISTORIAS Y LEYENDAS DE MI ANTEQUERA

ExLibric

JOSÉ LUIS SÁNCHEZ-GARRIDO Y REYES

HISTORIAS Y LEYENDAS DE MI ANTEQUERA

EXLIBRIC
ANTEQUERA 2020

HISTORIAS Y LEYENDAS DE MI ANTEQUERA

Diseño de portada: En efecto 3D

Iª edición

Editado por: ExLibric
c/ Cueva de Viera, 2, Local 3
Centro Negocios CADI
29200 Antequera (Málaga)
Teléfono: 952 70 60 04
Fax: 952 84 55 03
Correo electrónico: exlibric@exlibric.com
Internet: www.exlibric.com

ISBN: 978-84-18470-04-2
Depósito Legal: MA-1033-2020

Nota de la editorial: ExLibric pertenece a Innovación y Cualificación S. L.

JOSÉ LUIS SÁNCHEZ-GARRIDO Y REYES

HISTORIAS Y LEYENDAS DE MI ANTEQUERA

Índice

Prólogo

Después de varios meses compartiendo clases e interesantes enseñanzas, José Luis me pidió escribir el prólogo de su nuevo libro. Al principio, dudé porque no me consideraba merecedora de ello, pero tras reflexionar un momento lo consideré un honor.

La lectura de esta obra, que tú, lector, tienes entre tus manos, me hizo convencerme de que tenía que acceder a la petición de escribir el prólogo.

De acuerdo con la Real Academia Española, la leyenda se define como la "narración de sucesos fantásticos que se transmite por tradición popular".

Numerosas son las leyendas que se cuentan y se transmiten de forma oral; pero si bien este puede ser un género realmente interesante, si se trata de leyendas que están relacionadas con esta maravillosa tierra, que es Antequera, estaríamos uniendo dos ingredientes para dar lugar a una fantástica obra titulada *Historias y leyendas de mi Antequera*.

Puede parecer relativamente fácil escribir sobre esta hermosa ciudad, pero les aseguro que no es así. Hay muchos escritos sobre tan precioso lugar y precisamente por ese motivo es complicado innovar, escribir algo que sea original y atractivo, que te atrape de tal modo que, una vez empezado, no puedas dejar de leer, como me ha pasado a mí.

Su autor, José Luis Sánchez-Garrido y Reyes, se ha dejado llevar por la voluntad de escribir sobre la tierra que le vio nacer. Durante toda su vida, ha sido un apasionado de los libros, muestra de ello es su magnífica biblioteca. Pero tras su amplia e intensa etapa laboral, ha llegado su merecida jubilación, que le ofrece la posibilidad de tener más tiempo libre para dedicarlo a una de sus grandes pasiones: la escritura. Y ya que la voluntad es la que guía nuestros pasos, la suya es dejar su legado en sus escritos, la mayoría de ellos, vinculados a nuestra Antequera.

Si bien es verdad que nuestra verdadera escuela es la vida, y que esta nos puede enseñar más que cualquier libro, también es cierto que la lectura es una afición muy interesante, que nos puede enseñar mucho. Si unimos dos ingredientes tan interesantes, como son leyendas y Antequera, el resultado es un menú muy completo, que se halla recogido en este libro.

Con la lectura de este libro, el lector podrá conocer variadas historias sobre nuestra hermosa ciudad; unas están relacionadas con la historia, otras con la religión, otras con lugares concretos, pero todas ellas con un nexo de unión: nuestra ciudad. Esta ciudad, cuya fundación está ligada a la aparición del municipio romano de Antikaria, esconde numerosos secretos, y muchos de ellos serán desvelados en esta obra. Muchas de estas leyendas te harán soñar, otras te darán que pensar y la mayoría de ellas, no tengo la menor duda, te emocionarán.

Con un gran sentido del humor, el autor afirma que este libro será un *best seller* y al que no le guste, será porque ha tenido un mal día o porque no tiene buen gusto.

Ahora, solo queda agradecer a todos los que han hecho posible la edición de este libro. Y al lector solo le queda pasar una página más para empezar a disfrutar de esta maravillosa obra que viene a engrandecer la historia de Antequera.

María José Ruiz Roldán

1. Los dos niños cautivos

Se cuenta y leo en castellano antiguo que en la Antequera árabe estaban presos dos niños cristianos en la mazmorra del alcázar de la ciudad, en nuestro querido Castillo de Papabellotas, en esa mazmorra que es un pozo seco en el suelo y que tiene en la actualidad una reja protectora arriba para evitar caídas. Es un pozo con cierta profundidad, mucho más ancho en el fondo que a nivel del suelo y de donde, literalmente, es imposible salir. No necesita puerta, vigilante, rejas ni nada. Terrible cárcel.

Visitar el monumento y ver la mazmorra da escalofríos al pensar en el sufrimiento de las personas que allí hayan podido vivir. Sin agua, sin aseos, con poca luz, con humedad, con poco espacio. Terrible suplicio cuando ya la reclusión por el coronavirus nos parece demasiado.

Allí, entre otros, estuvieron presos dos niños. Uno era nieto de Alonso García, que era un señor de Écija. El niño estaba de rehén y tenía unos once años. El otro niño, de la misma edad, también estaba de rehén.

Era frecuente la permuta de rehenes: se liberaba al abuelo, en este caso, el cual ponía de rehén a otra persona (en lo que vemos ahora, a su nieto) mientras buscaba el dinero para pagar la liberación del secuestro. El otro niño estaba en lugar de su hermano, permutado por su hermano por la misma cuestión. Pues bien, los dos huyeron de Antequera con la ayuda de Santa María del Valle, dicen los libros.

Los niños dijeron posteriormente cómo fue su fuga. Explicaron que estando en la mazmorra se les apareció una señora muy guapa diciendo que no tuvieran miedo, que ella los sacaría de allí muy pronto y que tuviesen algo de paciencia. A los tres días los niños, con una escala de cuerda que alguien les puso (no vieron quién), pudieron salir y escapar de la celda aprovechando la noche.

Del alcázar salieron por un pequeño hueco a ras del suelo por donde un hombre no cabría, pero ellos sí, y que estaba hecho para evacuar agua de lluvia. Estaba en un lienzo de la muralla y tenía de longitud quizá tres metros. Tuvieron suerte, comentaban, no quedándose atrancados en el mismo y saliendo por una alcantarilla al pie de la muralla.

Llenos de miedo se pusieron a andar, procurando que nadie los viese. Estuvieron andando dos días y durmiendo en el suelo, lo más guarecidos que podían. A lo lejos veían la alcazaba. Uno de ellos le dijo al otro de volver a Antequera porque iban a morir de hambre. No tenían nada que comer, estaban muy cansados, un tanto desesperados y pensando que podían morirse pronto. En este estado lastimoso se les apareció de nuevo la señora antes comentada y les dijo: «Seguidme, que os voy a llevar a Teba».

Fueron detrás de ella hasta Peñarrubia (pueblo hoy bajo las aguas de un embalse). Una vez llegaron a esta localidad les enseñó un camino y les dijo: «Este que tenéis delante es el camino de Teba. Por él llegaréis y no cansados». A continuación desapareció. De esta forma, los niños llegaron andando a Teba sanos y salvos.

Este episodio se cuenta en una carta que recibió desde Écija el infante don Fernando, estando el mismo en Valladolid antes de venir a conquistar la ciudad de Antequera. En esta carta se le informaba de este episodio que ocurrió tiempo atrás en Antequera. El infante entregó la carta al maestre de Santiago, don Lorenzo Fernández de Figueroa, para que la guardase y no la perdiese. Se emocionó mucho con su lectura y oró dando gracias a la Virgen.

La Virgen fue reconocida como la Virgen del Valle. Es una advocación de la Virgen María y es patrona de muchas ciudades no solo en España, sino en todos los países de habla castellana. Aunque la historia es muy remota y desde siempre ha sido la patrona de Écija, donde tiene muchísima devoción y de donde era y residía el abuelo de uno de los dos niños, que fue el que imploró a la Virgen la salvación del nieto ante el problema que tenía por no poder conseguir préstamos para pagar el rescate.

2. Antequera perdió su ancla

El áncora, el ancla, el gancho. Se le puede denominar de forma variada. El áncora parece la más correcta, que es como se le llamaba cuando estaba, cuando la teníamos.

El áncora o ancla de Antequera llevaba una cadena larga y fuerte. El áncora de Antequera fue lanzada por los sitiadores desde arriba de la torre de asalto a las almenas de la Torre de la Escala en la conquista a la ciudad. Quedó sujeta entre dos almenas mientras los ballesteros lanzaban sus tremendos viratones para que ningún musulmán se pudiese acercar a la misma.

El áncora sujetaba la cadena y, posterior a la cadena, una maroma. Servía para fijar todo lo posible la torre de asalto de madera a la muralla, para darle seguridad a la torre y evitar que fuese volcada, para acercar lo más posible la torre de asalto a la torre de la alcazaba y dejarla fija y segura. Era un seguro, la forma de asegurar la firmeza de la torre de asalto.

El áncora tenía un eje principal de unos dos metros de longitud y se había construido una máquina especial para su lanzamiento, como si fuese una gran ballesta. La maroma iba después de la cadena, liada en un rulo debidamente engrasado. Después la maroma se recogía en el mismo rulo como si fuese la de un barco, mediante torniquete, la misma mecánica que un ancla. Realmente, es un ancla sin agua, un ancla para medio aéreo.

El dispositivo se había ensayado varias veces, no se podían permitir fallos. Estaba ajustado y estudiado e hizo su misión con éxito.

Dicha áncora fue colgada, una vez terminada la conquista y pasado un siglo, en la fachada del nuevo cabildo municipal en homenaje a la conquista, como recuerdo imperecedero de la misma. Previamente, después de la conquista había permanecido al pie de la Torre del Homenaje.

El áncora y la torre de asalto fueron construidas en Sevilla y transportadas a Antequera para el asedio. Con el tiempo Antequera dependería de Sevilla. Años después de la conquista se eliminó de Sevilla y la ciudad quedó bajo la dependencia de Málaga, pasó a formar parte de Málaga. Esto fue ya muy tardíamente, en 1833.

El áncora estaba en la fachada de la casa del ayuntamiento (cabildo), en plaza Alta, situada delante de Arco de los Gigantes. El áncora en la fachada del cabildo molestaba a algunos de los munícipes, pues Antequera ya era de Málaga y el áncora recordaba a Sevilla. Era como un signo de dependencia de Sevilla, ya que se había fabricado allí. Era como un símbolo que suponían que venía a decir: «Antequera, aunque depende de Málaga, siempre ha estado subordinada a Sevilla». Observación estúpida, como a veces es la vida misma, aunque luego, ya a finales del siglo XX, se creyó que el pensamiento podía ser correcto.

Tal fue el problema en su momento que, después de analizado el mismo, se decidió quitar el áncora de la fachada por lo expuesto, no sin cierta polémica. Así, de esta manera tan genial, Antequera perdió su áncora, su gran ancla, su enganche, su recuerdo, debido a la actuación de un equipo mandatario genial.

Del ancla no se ha vuelto a saber nada. Perdimos un emblema, un recuerdo histórico, un tesoro. Perdimos el símbolo de la firmeza. Perdimos un símbolo de la esperanza.

3. La batalla de los cuernos de Antequera

Fue el día 3 de mayo de 1424, catorce años después de la conquista de Antequera. Este hecho real es muy conocido, pero creo que aporto ciertas novedades obtenidas de diversas fuentes.

Según cuenta la historia, el rey de Granada preparó un ejército con 1.500 jinetes y 5.000 peones a pie con tres objetivos. El primero era capturar al mayor número de presos cristianos para después pedir recompensas por su liberación y hacer dinero. Por otro lado, robar el mayor número de cabezas de ganado posible, tanto animales de trabajo como de granja, para mejorar la economía nazarí. Por último, también se pretendía que esto sirviera de lección al Reino de Castilla. Al frente de dicho ejército el monarca puso a Benzulema, de la jerarquía nazarí y de su total confianza. En definitiva, estaba claro que era un viaje de objetivo básicamente económico. Eso sí, de riesgo humano, pero es lo que imperaba en aquellos tiempos. Era lo que había.

Este ejército estaba destinado a hacer este saqueo en la comarca de Estepa y de Écija. Al ir hacia Estepa no pasó por las cercanías de Antequera, sino que lo hizo por tierra de ellos, por territorio musulmán, más allá de la Peña de los Enamorados. La peña era la frontera.

Los integrantes del ejército nazarí seguro que no serían tantos, porque en estos temas los cristianos siempre aumentaban el número real para realzar sus gestas cuando ganaban. Igualmente hacía la parte mora cuando venía bien a sus intereses. Nadie decía la verdad. Como en todas las guerras o como en casi todo.

Bien, de una forma u otra, el ejército era numeroso e hizo tabla rasa en Estepa. Después siguió para Osuna y desde allí, a Écija. Capturó un número importante de personas como prisioneros, del orden de 120. Para que no escaparan llevaba cada uno grilletes en sus pies y una cadena entre ellos. De esta forma, andando y mal comidos, la situación de los mismos era terrible. En el secuestro solo capturaron hombres que estuviesen más o menos fuertes y jóvenes. El porvenir de los cautivos era muy aleatorio.

Aparte, robaron innumerables cabezas de ganado caballar, mular, vacuno, lanar y cabrío. Prácticamente, la mitad del número de cabezas robadas eran ovejas. En definitiva, había sido una inversión rentable desde ese punto de vista.

El ganado mular venía cargado con objetos diversos robados, principalmente aquellos que, según estimaban, tenían más valor. Inteligentemente, el ganado iba por delante y servía de protección. Detrás del mismo marchaban los prisioneros. Parte de los miembros de las fuerzas musulmanas tenían que estar pendientes del ganado, a la vez que aprovisionándolo de alimentos en los descansos programados. El resto iba detrás.

Al retorno pensaron que era mejor pasar por la vega de Antequera. Entendían que las tropas que había en Antequera eran muy cortas, tenían información muy clara de ello, así que no las temían para nada. De paso, además, podían terminar de recopilar más ganado y prisioneros antes de llegar a la Peña de los Enamorados, que era la frontera. Si en este tramo conseguían algo, pues estupendo, se remataba la excursión.

El alcaide de Estepa mandó aviso a Rodrigo de Narváez, alcaide de Antequera, con un emisario a caballo, al efecto de que quitaran a la gente del campo y ocultaran el ganado para no ser saqueados, en lo posible, por el ejército granadino. Hasta aquí todo correcto.

Lo que tenía Antequera para la guerra eran 150 personas a caballo y otras tantas a pie, número enormemente menor que el del ejército enemigo. Había muy pocos militares en Antequera por temas del presupuesto castellano. No había dinero para más.

Rodrigo de Narváez no se escondió, por decirlo así, y preparó una estrategia. Apostó su pequeño ejército escondido en lo que hoy es Cortijo El Chaparral y unos pocos fueron a poner en su trayecto natural una serie de hogueras para encender cuando se fuese acercando el ejército nazarí y estuviese próximo a las mismas. En las hogueras puso, además, todos los cuernos que le fue factible recopilar de las tenerías antequeranas, así como pelos de cabra, pezuñas de matadero y restos de este tipo, porque al quemarse producen un tremendo mal olor. Es muy conocida y antigua la frase «huele a cuerno quemado». Estos materiales son ricos en azufre y al quemarse tienen olor a huevos podridos. Se comenta que hasta las culebras huyen del olor, que no pueden soportar. La frase «huele a cuerno quemado» también viene a significar desde entonces «engaño».

Era la vez primera que se iba a utilizar esto en una guerra. Hay referencias a una batalla de los Cuernos en una de las cruzadas, pero era por causa de que el llano donde fue la misma estaba rodeado de sierras cuyo trazado parecía una cornamenta y se llamaba sierra de los Cuernos.

Era un avance técnico sin precedentes. A tal objeto tenían prevista, si el tema fallaba, una rápida retirada al alcázar de Antequera. No había otra. Pero la fórmula fue exitosa, no falló. Las hogueras se encendieron y el ganado, al oler a cuerno quemado, salió en desbandada. Los que cuidaban del orden del mismo no podían retenerlo y salieron corriendo tras él. Fue más que exitoso. Se formó un caos, un desorden total, una diáspora de ganado huyendo despavorido para cualquier lado.

Y aquí tenemos de nuevo a Rodrigo de Narváez, desplegando su pequeño ejército en línea para que se viese un avance muy amplio, tocando cornetas y tambores, con banderas y estandartes y algunos caballos detrás, con dispositivos arrastrados por los mismos para que formasen el mayor polvo posible y que pareciese un ejército mucho mayor.

Metidos los 150 jinetes, abriendo paso por el centro del ganado y con el cuerpo a cuerpo, viendo el ejército enemigo como ya el ganado lo tenía perdido y desmoralizado un poco, temiendo que el ejército cristiano fuese mucho más numeroso, puesto que se atrevía a hacerle frente, optó por la huida. Cada cual que se salve como pueda.

El punto de encuentro hoy se conoce como Cortijo Torre de la Matanza por causas obvias. Además, fueron perseguidos hasta la Peña de los Enamorados, habiendo en el camino más bajas.

En la batalla de los cuernos de Antequera ganó el ingenio a la fuerza y esto fue muy celebrado durante muchos años con misas y fiestas el 3 de mayo, fiesta de San Felipe y Santiago. No quiero contar el enfado y contrariedad en Granada, donde Benzulema fue castigado y encarcelado.

La historia tuvo una trascendencia en toda España y en diversos países, creciendo la leyenda del leal y cristiano Rodrigo de Narváez, primer alcaide de Antequera, cuyos restos se guardan hoy en un sitio preferente en la iglesia de San Sebastián. Fue un hito que enalteció a Antequera y su leyenda.

Fue la primera guerra química.

4. El Huerto Perea

Antes, cuando tenía falta de tiempo, había personas a las que poder recurrir para pedir la información que necesitaba. Ahora que tengo tiempo estas personas, en su práctica totalidad, han muerto. Así que más joven por falta de tiempo no escribí lo que deseaba y ahora que tengo tiempo me faltan los datos para escribir, porque soy uno de los pocos jóvenes de antes y sobrevivientes de ahora. Veremos por cuánto tiempo.

No sé por qué para mí es tan cercano el Huerto Perea, que no sabía ni dónde estaba y que lo escuchaba nombrar mucho. El famosísimo Huerto Perea lo han oído todos los antequeranos, al menos los de antes. Está en la ribera del río.

Yo pensaba que la calle Río Rosal llegaba casi desde la plaza del Carmen al Henchidero, pero no es así. Se divide en tres tramos: calle Piscina, calle Huerto Perea y Calle Río Rosal. Una calle que son tres.

Del Carmen al Henchidero, pasado lo que llamamos Puerta del Agua (que no fue puerta lo que actualmente es conocido como ella), después de la misma tenemos la «citarilla», que es también un mirador. Nos asomamos y tenemos de inmediato, debajo, el Huerto Perea. En aquella zona, se me comenta, había tres o cuatro tenerías.

¿Quién fue el tan famoso señor Perea? ¿Era un labriego que tenía un huerto? Pues no. Juan Perea nació hace algunos años, en 1781, y falleció en 1843 con 62 años. Tenía una tenería, después otra segunda y, lógicamente, el huerto, que cultivaba una persona de la tenería hábil en estos menesteres. Disponía de varios cultivos de huerta que en buena medida eran para el consumo de su casa y el resto para repartir entre el personal de la tenería. No vendía los productos de la huerta y era dadivoso.

Vivía el señor Perea en calle Encarnación, donde tenía las oficinas con su personal y una muestra de las pieles que curtía y donde hacía los negocios. En las dos plantas de arriba estaba su vivienda. Tuvo muchos hijos como se estilaba antes, cuando no había televisión. Concretamente, tuvo doce hijos en dos matrimonios.

Juan Perea tenía mucha relación, obviamente, con los fabricantes de paños y bayetas (todavía no se hacían mantas en Antequera) al estar la piel de oveja muy relacionada con el mundo de la lana y buena relación con los ganaderos, por supuesto.

Uno de sus nietos se casó con la que fue después marquesa de Cauche. Este matrimonio de uno de sus nietos lo reseño por su relevancia, ya que vivió muchos años en Argentina, donde hicieron dinero con la ganadería. Su viuda compró unos terrenos en Antequera, en la zona que llamamos El Campillo, para construir. Construyó una guardería infantil, que no llegó a poner en marcha y la regaló a las monjas en su inicio. Hoy, con las ampliaciones habidas, es el Colegio de la Inmaculada, de bella factura y estupendas instalaciones, donde se estudia Magisterio y que es un orgullo para Antequera. Mi casa es lindante al Colegio de la Inmaculada por calle Merecillas.

La fábrica del señor Perea se llamaba Cauz Zimada. Este nombre me da mucho que pensar. Nosotros, en el argot de la ciudad, llamamos cao al río artificial o canal hecho por el hombre que va paralelo al río de la Villa, por el que circula agua que, al caer en cascada, mueve las ruedas de los molinos y el agua retorna al río de la Villa. Este canal que todos llaman cao deduzco claramente que es cauz, la palabra árabe de cauce. Había dos palabras, cauz y acequia, y prevaleció la segunda. Cauz se ha deformado con el tiempo a cao, que es la acequia más o menos paralela al río. Investigo qué es Zimada y viene del árabe *Zim ada*, que es caballo árabe. Esto me encaja con la historia y antecedentes del alcázar antequerano.

Volvamos al Huerto Perea, que sigue donde estaba. Sigue la tierra, sigue el nombre, todo sigue más o menos, excepto las personas, que por nuestra naturaleza orgánica desaparecemos, nos esfumamos del mundo.

Al río de la Villa se le llama comúnmente la Madrevieja y observo que hay una calle, próxima a Cuesta Real, que se llama Santa María la Vieja. No sé si el nombre de Madrevieja es una derivación de que al río se le pusiera este nombre, río Santa María la Vieja, y de ahí el nombre de Madrevieja posteriormente. Estamos hablando de una época medieval de intenso fervor religioso, con muchos nombres de vírgenes y santos por doquier después de la conquista cristiana, dentro de la terminología de desarabización.

El Huerto Perea es una tierra de vega fresca, con mucha agua, es un huerto pródigo, de siglos, que no se cansa de producir, que no perdió el nombre de su dueño cuando la vida es, realmente, un cambio de nombres.

Allí está el huerto, donde siempre, viendo pasar los años y los siglos.

5. El cementerio musulmán de Antequera

Cuando hablo de este tema se me dice: «¡Ah, el cementerio de los moros!». No, no me refiero al cementerio de los moros, que es otro.

El conocido como cementerio de los moros yo lo recuerdo bien de mi niñez, de haber ido en varias ocasiones. Cuando ahora vuelvo ya no veo nada. Aquello es otra cosa. Yo recuerdo el cementerio de los moros en la mitad de ladera, en el cerro de la Cruz, a medio camino entre la ermita y la Cruz Blanca, a medio camino entre la ermita y la gasolinera actual; si bien cuando lo visitaba no había camino. Era cerro, campo.

En el cementerio de los moros se enterró a los moros muertos cuando vinieron las cabilas norteafricanas dirigidas por las tropas sublevadas a conquistar Antequera, de lo que se cuentan barbaridades. Me refiero a la guerra civil española. En fin, los musulmanes que fallecieron fueron enterrados en un recinto con paredes de 1,5 metros de altura, con una cancela delante, y que no tendría más de cien metros cuadrados. No sé más, no sé qué fue del mismo. Allí veo que aquello está urbanizado. Sí recuerdo que era un sitio donde no iba nadie. Nadie quería ir ni se quería que fuesen los niños.

Yo aquí me refiero al cementerio musulmán, al de la antigua Madina Antakira.

En la religión musulmana no existe culto a los muertos. Al entierro solo van hombres y se celebra una muy sencilla y brevísima ceremonia. En el musulmán hay una duda: no se sabe si el alma sobrevive al quedar separada del cuerpo, como se cree en la religión cristiana, o bien si solo resucitará cuando suene la trompeta del ángel, después de la destrucción universal.

Las mujeres en la antigüedad, siguiendo las indicaciones de Fátima, la hija de Mahoma, eran las más asiduas visitadoras de los cementerios musulmanes. Los viernes, mientras los hombres oraban en las mezquitas, ellas con sus hijos visitaban los cementerios y después, a las doce de la noche, hacían una fervorosa oración buscando la clemencia de Dios.

En las poblaciones musulmanas, los cementerios estaban situados en las afueras. Si la población es grande, en las afueras de cada barrio. Carecen de nichos y mausoleos, salvo la *rawda* de los príncipes.

En humildes zanjas se entierra a los difuntos con la cabeza hacia el mediodía y el rostro de lado, mirando a La Meca. Cuatro sencillos pilares señalan la sepultura. Los cementerios de forma habitual están a la salida de la *madina* amurallada por cuestión de comodidad, de cercanía.

A medida que se iban ganando poblaciones árabes los cementerios de los mismos iban desapareciendo. Las piedras labradas o lápidas y los bordillos indicadores o señalizadores de las fosas los cristianos lo utilizaban como material de construcción. Este aprovechamiento de los materiales sepulcrales islámicos en nuevas construcciones era de tipo general, por lo cual, como esto estaba permitido, es difícil, muy difícil, encontrar un cementerio musulmán.

Hay que pensar que el sitio lógico, o casi único no inundable, era en la Puerta de Estepa, demolida y construido el Arco de los Gigantes, saliendo del alcázar por la misma a la derecha, junto a los muros de la *madina*. Es decir, en el espacio que hay entre esa puerta y la Puerta de la Estrella, entre las dos puertas, en el centro del espacio, hoy lleno de viviendas. Seguramente, debajo de las mismas quedarán esqueletos. Si de noche escuchan ruidos o ven algo raro, pues ya saben.

A la salida, a la izquierda, estaba el ejido, es decir, un sitio sin cultivar para el ganado. La calle del Río no se llama así porque por la misma se vaya al río de la Villa, sino porque lo que actualmente es calle era un foso de protección del recinto árabe, era el tercer anillo. Si se va de Cuesta Zapateros por calle del Río a plaza del Carmen, a la derecha, detrás de las casas, hay un talud. Las casas no tienen muro atrás, es el talud. Esa pared era, en definitiva, parte del foso. El espacio entre el foso comentado y la muralla era la zona común anexa a la *madina*, donde se tenía el ganado y los caballos (de ahí el nombre de calle Herradores). A la población se entraba por la Cuesta Zapateros, la cuesta que hay a continuación, lo que conocemos como la Cuesta Barbacanas, y por ahí se iba rodeando la muralla hasta la Puerta de Estepa, donde hoy está el majestuoso Arco de los Gigantes. Era esa área una zona de servicios anexa al alcázar y la medina. Es lo que reseño como tercer anillo.

Por ello, la ubicación del cementerio musulmán, por lógica (aunque la lógica falla muy frecuentemente), estaría con bastante certeza situada en el punto comentado.

6. La visita de Enrique IV el Impotente a Antequera

Fue el rey de Castilla desde 1454 a 1474. Tuvo una vida bastante irregular; repudió a su primera esposa, se casó de nuevo con la hermana del rey de Portugal y llevaba una vida de todo menos ordenada. Su objetivo era la conquista de Granada, cosa que no hizo, y en su escudo incluyó una granada abierta. El rey y su corte eran un desastre: fiestas, banquetes, galas, alcohol… Por ello, doña Juana la portuguesa se entendía con Beltrán de la Cueva, servidor de palacio, y ello entiendo que era hasta perdonable.

Los gastos que el rey efectuaba eran excesivos. Era, en definitiva, un derrochador. Le gustaba tener su corte en Madrid. La reina quedó embarazada, pero el favorito del rey, el marqués de Viana, atribuía a don Beltrán el hijo que iba a tener la reina. Nació una niña, que sería Juana la Beltraneja. El propio rey renunció a que fuese su hija la sucesora con la presión de los medradores cercanos. El rey nombró heredero a su hermano Alfonso y después se arrepintió y lo quitó. Posteriormente lo volvió a poner. Tuvo guerra con parte de su nobleza, descontenta con él, y ganó la guerra. Como murió el príncipe Alfonso, entonces puso a su hermana, Isabel la Católica. Tenía poco criterio Enrique IV. Cuando se enteró de que Isabel estaba casada en matrimonio secreto con Fernando de Aragón revocó el nombramiento y puso a su hija

Juana. En fin, un lío. Después de su muerte gobernó Isabel. Total, un desbarajuste, un reinado de favoritos cambiantes.

La leyenda dice que un día de enero de 1470 Enrique IV, acompañado por solo quince de sus hombres, entraba en la ciudad de Antequera, en aquellos entonces en el interior del recinto amurallado. Mientras tanto, fuera, sin permitírsele entrar en la población, quedaba la escolta del rey, dirigida por el ambicioso Alonso de Aguilar.

En Ávila los enemigos del rey habían hecho tiempo atrás como un teatro donde se despojaba al rey, no de forma real, sino en grotesca estatua. En la representación, don Alonso Carrillo, obispo de Ávila, subió al estrado y le despojó de la corona y una serie de nobles le fueron despojando y rompiendo la espada. En fin, una burla al rey en todos sus órdenes. Uno de ellos, Alonso de Aguilar, era ahora amigo íntimo del rey.

Eran unos tiempos tumultuosos porque cuatro años antes el maestre de Calatrava, don Pedro Girón, había venido a Andalucía para levantar a la nobleza contra el rey. Uno que se sublevó fue el duque de Medina Sidonia, así como el conde de los Arcos y don Alonso de Aguilar.

Con este rey, lo que hoy es blanco mañana es negro y pasado, blanco. Eran unos tiempos donde los reyes mandaban.

No podía explicarse el alcaide de Antequera cómo ahora venía con Alonso de Aguilar, de la casa de Córdoba, pegado al rey.

Iban para Archidona, para reunirse con Alquimut, un importante árabe malagueño sublevado contra el rey de Granada, Muley Hacén, y que pedía protección a Enrique IV.

Esto al rey castellano le interesaba mucho. Así luchaban musulmanes contra musulmanes, mientras que él quedaba de espectador.

Pero ya en otras visitas del rey a otras villas fueron destituidos alcaides y puesto uno nuevo por el rey a su gusto. Por ello, el alcaide Narváez solo dio permiso al rey y quince acompañantes, dejando a los demás en la calle, para evitar a la mañana siguiente estar preso y no ser alcaide. Así, como suena: aquí mando yo y no el rey. El rey, a su pesar, no tuvo otra opción que doblegarse a las exigencias impuestas.

Fernando de Narváez se mostró muy presuroso en dar lección de patriotismo al rey. Allí le pusieron, en la iglesia del Salvador, la tumba abierta del primer alcaide, Rodrigo de Narváez, el cual tenía en sus manos la llave de la ciudad. La iglesia la decoraron interiormente con telas negras, las velas daban tenebrosas luces y los frailes entonaban cánticos, lo cual al monarca lo llenó de pavor. Vio así el monarca que en Antequera, por historia y prerrogativa, los alcaides eran los Narváez por derecho.

Esto fue un menosprecio inmenso para el señor Alonso de Aguilar, el cual juró vengarse. Total, se entró en una batalla política donde Fernando de Narváez tenía todas las de perder, como así fue. Se le obligó tiempo después a firmar escritura de transacción con don Alonso de Aguilar para el traspaso de poderes a su muerte. El rey quería colocar y colocó a sus afines en los puestos que consideró de interés.

Ya después Fernando, viejo y achacoso, entregó su alma a Dios, no sin antes defender hasta su muerte Antequera de los ataques de Muley Hacén (que dio nombre al pico más alto de Sierra Nevada, donde fue enterrado).

En definitiva, un episodio donde el alcaide puso firme al rey y propuso las condiciones para que este pudiese entrar en Antequera. Quizá pocas de este tipo (o ninguna) se hayan dado, salvo en esta ocasión, en el curso de la historia. Estas cosas solo ocurren en Antequera.

7. El lugar de la Boca de la Burra

Al pie de la maravillosa sierra del Torcal, en sus cercanías, se celebró la épica batalla de la Boca del Asno en mayo de 1410, que fue ganada por el infante don Fernando e hizo posible posteriormente la toma de Antequera.

En la literatura de la época viene escrito como Boca del Asna y no es que estuviese mal escrito. Es que entonces asno y asna era lo que había, era como se denominaban los géneros de este equino. Se deduce que el tener una segunda acepción, burro y burra, es ya posterior a aquellos tiempos para calificar igualmente a pareja tan simpática de cuadrúpedos. Con el tiempo, está claro, lo de asna ha desaparecido y así tenemos el asno o burro y su pareja, la burra. El asno con dos denominaciones y la burra con una.

Todo esto viene a que el nombre correcto del paraje no es la Boca del Asno, sino la Boca del Asna, que actualizado sería la Boca de la Burra.

Sugiero que se cambie y se ponga su nombre histórico, que acabo de mencionar, ya que quitar el protagonismo a dicho lugar de la hembra del burro no deja de ser un acto de machismo animal y usurpación por parte del burro del nombre de un paraje que por historia no le corresponde.

8. El cao

Es un nombre que probablemente ni se escriba así, no lo he visto como tal escrito, pero sí es el que se le da al río artificial paralelo al río de la Villa. Cuando se me nombra el cao por las personas del lugar me quedo un poco desconcertado.

El cao en época nazarí se llamaba cauz. Era cauz en época medieval lo mismo que acequia, ambas palabras árabes. Pero con el tiempo cauz ha venido significando cauce, de un río o de un arroyo, y se ha desvinculado de su significado inicial de acequia. Cosas de la vida.

Sin embargo, en Antequera se ha cambiado la palabra inicial, cauz, por cao y así se ha mantenido a lo largo de los siglos. El cao en Antequera es la acequia que va desde el nacimiento del río de la Villa al Puente de los Remedios, muy cerca de la llamada Puerta de Granada. Es una acequia muy particular, porque su fin principal no es el agrícola, sino el industrial.

El cao va lo más pegado que se puede a los montes si es a la derecha de su recorrido, en sentido de bajada del agua; o bien, si es a la izquierda, lo más pegado posible a la muralla. En ese trayecto se llama impropiamente río Rosal. El río natural se llama en el argot de la ciudad Madrevieja. El cao bajaba en su momento también por lo que actualmente se llama calle Fresca, nombre que proviene de que por allí pasaba esta acequia.

El cao en algunos tramos era terrizo y en otros, de mampostería. Ha tenido diversas actualizaciones o mejoras con los siglos.

Es relevante destacar que su nivel respecto al mar sigue la misma curva de descenso del río. Es la acequia, en definitiva, un canal por donde el agua corre por encima del nivel del río, calculo que unos ocho o nueve metros, y se procura dejar el mayor espacio posible entre este cao o acequia y el río para que haya el mayor terreno disponible como vega regable para cultivos intensivos. El desnivel tiene por objeto utilizar el agua como fuente de energía, aprovechando la caída para mover las norias de los molinos. El agua del cao, mediante salidas efectuadas, es la que va a mover las norias.

Al dejar de utilizarse hay algún tramo que probablemente quede en servicio, pero en su mayoría no y queda asalvajado. Lo recorreré por tramos cuando termine este encierro interminable del coronavirus.

La puesta en valor de aquel maravilloso entorno parte, sin duda, de que el cao funcionase, bien sin molinos que mover, pero sí como tal acequia, como área turística de paseo. La disposición del cao en tramos quiere decir que el agua de los molinos que retornaba a la Madrevieja de nuevo se reutiliza en otro tramo de cao más bajo. Toda una obra de ingeniería. Nace y muere el cao en tramos, ya después del Puente de los Remedios, tan antiguo y de tan poco tránsito en la actualidad. Se divide en varias acequias para riego que, lógicamente, requiere efectuarse en turnos para la utilización del caudal.

Antequera ha nacido y se ha desarrollado en torno al río de la Villa, que recoge las aguas de la sierra del Torcal y las va aportando el nacimiento durante todo el año. Agua de buena calidad, maravillosos parajes junto al río de la Villa, antiguamente tan cerca de la población. Eran el sitio de la industria y del paseo, hoy casi olvidados y que habría que recuperar en aquel maravilloso entorno.

9. El abastecimiento de agua a Madina Antakira

Lo que dice la historia, más o menos, es que en septiembre de 1410 fue cortada el agua, ya que los sitiadores, concretamente el infante don Fernando, fueron informados por un judío de que por allí, por la Puerta del Agua, salía personal sitiado y tomaba agua del río. En esa fecha el agua fue cortada y el mencionado judío se fugó de la Antequera sitiada en vista del cariz que estaban tomando las cosas.

Esto, evidentemente, está claro que no fue así. El corte de agua es lo primero que los sitiadores de una ciudad hacen para que su enemigo se entregue pronto. En Antequera cortaron la entrada de agua, una de las dos que había. La otra, secreta, no la supieron hasta septiembre, pocos días antes del asalto.

La medina de Antequera está junto al río de la Villa y adosada a la muralla de la villa, como es habitual, estaba «la coracha», que es lo que llamamos impropiamente Puerta del Agua, cuando no lo es. La puerta o postigo del agua en su momento fue clausurada y no se sabe exactamente el sitio. Sí aproximadamente, pero no exactamente.

La coracha es un muro vertical a la muralla que termina en una torre. Esta torre está junto al agua, teniendo una captación de la misma mediante una galería, que fue clausurada por los sitiadores de inmediato, apenas comenzó el asedio a final de abril. Es el sistema habitual de abastecimiento a los alcázares árabes.

Sin embargo, los sitiados ya sabían perfectamente que, en caso de asedio, esto iba a ser cortado de inmediato y tenían un abastecimiento secreto, una tubería de cerámica que tomaba el agua en un punto bastante más alto, río arriba. La tubería iba enterrada en el suelo y sus puntos de venteo estaban debidamente disimulados en el terreno. El punto de entrada era la base subterránea de una torre hueca, que realmente era un depósito de agua. En esta torre, el agua tomaba cierta altura. Ello es debido a que por vasos comunicantes el agua de la tubería, como era captada río arriba, en un punto más alto, entraba a la torre hasta la altura del punto de captación de la misma. Era, pues, la torre un depósito regulador, donde tomaba presión para abastecer a la ciudad en alta medida. Aparte de que había pozos, de los que todavía queda al menos uno, dentro de la iglesia de Santa María la Mayor, que quitando la tapa de mármol se ve. Es un pozo que está operativo, yo lo he visto no hace mucho. Supongo que en su momento habría diversos, que la desidia y el abandono se habrán encargado de cegar. El de dentro de la iglesia es el que se ha librado.

Aunque la ciudad está encima de un monte, hay agua en el subsuelo porque en relación a la sierra del Torcal está mucho más bajo que el nacimiento del río y, al ser permeable el suelo, hay riqueza en agua en aquella zona. Tenía por ello Madina Antakira una ubicación de privilegio que la hacía más importante, susceptible de aguantar asedios y una fortaleza de gran seguridad para los que la habitaban.

Los musulmanes antequeranos tenían previsto y claro que no les faltara agua en caso de asedio con el suministro alternativo reseñado, así como con dos aljibes totalmente llenos, estucados interiormente para que el agua se mantuviese en perfectas condiciones; si bien los aljibes no resolvían nada más que un corte muy breve, pues su capacidad no era de más de doscientos metros cúbicos cada uno.

El corte del agua fue efectuado unos días antes del asalto, sencillamente porque no lo sabían antes, y se produjo, efectivamente, por un chivatazo de un sitiado que huyó de la ciudad y que dudo de que fuese judío. Pero debido a que el mismo fue compensado económicamente y dejado en libertad (en esto los caballeros medievales castellanos eran muy caballeros) dieron la pista de un judío para dejar libre al moro y que no hubiesen de tener recelos sus conciudadanos. Como norma, estas situaciones se respetaban y se hacían públicas como forma de que hubiese otras similares en el futuro.

El abastecimiento de agua a Madina Antakira era una verdadera obra de arte, una ingeniería en la que los nazaríes eran expertos. La ingeniosidad del abastecimiento de agua comentado hace indicar que incluso existía otra alternativa más, una tercera.

Sea como sea, los sitiados no padecieron problemas destacables por falta de agua, tema que cuidaron mucho porque el corte de agua hace que la situación de entrega se hubiese hecho de inmediato. Es insoportable la carencia de la misma en una población con más de 3.000 personas, una parte de la misma de niños, porque los musulmanes son y eran muy prolíficos. La tubería comentada está identificada y estaría bien su puesta en valor.

10. Por qué Santa Eufemia es la patrona ganadora de Antequera

El caso de Antequera fue polémico, porque el 16 de septiembre, que fue el día que se ganó Antequera, es el día de los santos Cipriano, Cornelio, Germiniano y Eufemia de Calcedonia. Claro, tener el nombre de San Cornelio, por ejemplo, suena un poco mal. Cipriano tampoco es bonito y, por supuesto, Germiniano patrón de Antequera hubiese sido un lastre eterno. Ni siquiera se nombra alternativa. Dice la historia que se echó a suertes; así ningún santo se enfadaba por no haber sido elegido. Todo muy democrático.

También la leyenda cuenta que esta santa, tan lejana a nosotros, había sido elegida porque había aparecido años atrás por Galicia, haciendo algún que otro milagro. En estos temas no pretendo para nada ser irreverente, por supuesto y porque no lo soy. Me considero cristiano con diversas dudas. Pero creo que en estos casos primero se opta por elegir un patrón y después se busca la justificación o una leyenda. Ello es muy corriente en la vida; se ve que una cosa funciona y, cuando se comprueba que es así, entonces se busca la arquitectura técnica para aclarar por qué ello es así. Es la investigación al revés: partiendo de lo ya inventado, deducir su origen. Partiendo de lo que es, deducir o pensar su origen.

El que fuese echado a suertes y sacada esa papeleta a lo mejor es verdad y que todas la papeletas fueron metidas con el mismo nombre, un bulo, sin duda. Me inclino a pensar que, sencillamente, fue la opción que tomó el infante don Fernando junto con el obispo de Palencia, número dos de su ejército, soldado, guerrero y hombre de su total confianza. Sin más. Luego la historia construye las razones.

Me cuenta María José Ruiz, mi profesora de informática, que la leyenda dice que el infante don Fernando, cuando estaba en Córdoba, le pidió al cielo que le diese una señal que indicara qué plaza debería conquistar, a dónde podría dirigirse, porque tenía dudas. Entonces se le apareció una mujer joven, rodeada de leones, que le hizo saber que debía conquistar Antequera. De ahí la expresión: «Salga el sol por Antequera y que sea lo que Dios quiera». Al día siguiente de dicha aparición se puso en camino y consiguió conquistar la ciudad. Por ello ha pasado a la historia con el sobrenombre de infante don Fernando el de Antequera.

Una vez conquistada por los cristianos —prosigue María José—, se reunió el cabildo eclesiástico y consideró que la ciudad debía tener un patrón o patrona y, dado que el día de la conquista fue el 16 de septiembre, se metieron en una urna los nombres de los santos del día, que, según la leyenda, son San Cipriano, San Cornelio y Santa Eufemia, y salió por tres veces consecutivas el nombre de Santa Eufemia, que ya se le había aparecido al infante, por lo que ella fue la patrona ganadora de la ciudad desde 1410.

En la iglesia de Santa Eufemia hay varios cuadros. Uno de ellos muestra al infante don Fernando en su campamento, arrodillado ante la imagen de Santa Eufemia, con la imagen del castillo al fondo. Hay otro cuadro en el museo de la iglesia que representa al cabildo eclesiástico reunido y delante de ellos hay una urna con el nombre de los tres santos del día 16 de septiembre.

Las pinturas son recientes en relación a la fecha de la conquista y se han pintado porque cada año, con motivo de las fiestas patronales, un reconocido pintor realiza una obra alusiva a nuestra patrona ganadora que anuncie dichas fiestas.

La urna que hay en la iglesia con los nombres en plata de los tres santos del día y que es portada por un niño en la procesión de la patrona, el sábado anterior a su festividad, no es la original, sino que ha sido elaborada posteriormente.

11. La anciana de la calle Rastro

Me la cuenta la señorita María José Ruiz, que la leyó cuando pequeña. No sabe dónde, pero no se le ha olvidado.

La calle Rastro sube desde la plaza de Santo Domingo al Arco de los Gigantes, que está separada del Portichuelo por la calle Herradores. Es una calle empinada donde las haya, difícil de escalar para personas mayores.

En dicha calle vivía una anciana sola, que solía estar siempre en su casa. Una noche de lluvia, relámpagos y truenos un grupo de tres jóvenes llamó a la casa de la anciana y ella abrió la puerta.

—Señora —le dijo uno de ellos—, venimos de paso. Está diluviando y no sabemos dónde ir. Rogamos que nos permita quedarnos aquí esta noche. Dormiremos en cualquier rincón.

La señora dudaba, ella estaba sola y le daba cierto miedo, pero como estaba lloviendo tanto y tenían cara de buenas personas finalmente tomó la decisión de dejarles entrar.

Los jóvenes eran corteses y educados. Le dieron las gracias y quedaron en la planta baja, durmiendo en unos jergones que tenía la señora.

A la mañana siguiente seguía lloviendo. Se asomaron al patio, viendo la lluvia y que el patio grande era todo un herbazal intransitable.

—Tenéis que iros ya —dijo la anciana—. Ya es de día y tenéis tiempo para buscaros otro sitio.

Uno de ellos le dijo que el patio lo tenía fatal, muy abandonado, y le propuso que si los dejaba en la casa, en la habitación donde estaban, ellos en compensación le arreglaban el patio. Pero dejó claro que la mujer no debía ir a ver el mismo hasta que terminaran el trabajo.

Estuvieron dos días y a la tercera mañana la mujer se sorprendió porque se habían ido sin despedirse. La buena señora entró al patio para ver qué habían hecho y lo vio todo de maravilla, perfectamente limpio, arreglado y ordenado. El tiempo era esplendoroso y en el mismo bajo, en un cobertizo, estaba la imagen de la Virgen del Socorro, una segunda imagen del Señor de la Salud y de las Aguas y otra tercera cuyo nombre se ha perdido con el tiempo.

La señora se puso de rodillas rezando y llamó al cura cercano. Las imágenes fueron sacadas y trasladadas a la iglesia con gran fervor. Por ello, tanto la imagen de la Virgen del Socorro como la del Señor de la Salud y de las Aguas tienen escultor anónimo, no se sabe quién las hizo.

Se dice y se cuenta que los tres jóvenes eran realmente tres ángeles disfrazados que vinieron a Antequera a hacer este milagro.

12. La matrona de la niña de la huerta

Se cuenta que un matrimonio, hace muchísimos años, vivía en una huerta a varios kilómetros de Antequera.Vivían muy modestamente de lo que el campo les daba, teniendo además algunas gallinas.

La mujer, humilde y trabajadora, de pronto se puso de parto y el marido no sabía qué hacer, estaba más que preocupado. No sabía de estas cosas, el corazón le latía fuertemente y Antequera le pillaba lejos. No le daba tiempo a ir a la ciudad a pedir ayuda.

Un tanto desesperado se fue al camino que pasaba por la puerta para ver si por casualidad pasaba alguien que le pudiese ayudar. Estando en el camino vio que se acercaba una mujer muy guapa y, desgarrado, le explicó el gran problema que se le había presentado.

—No te preocupes —le dijo ella—. Yo os ayudaré.

Fue a la casa y ayudó a la futura mamá al nacimiento de una preciosa hija. El padre, sin poder dejar de mirar a su mujer y a su hija recién nacida, lloraba de emoción.

—Dígame, señora, qué le debo. Le pagaré lo que sea.

—No me debe nada —le dijo ella—. No se preocupe, no me debe nada de nada. Lo realmente importante es que su mujer y su hija recién nacida están perfectamente.

—Dígame su nombre, señora, y dónde vive para que cuando vayamos a Antequera podamos ir a visitarla.

—Me llamo Socorro —le contestó— y vivo en el Portichuelo. No le doy el número de la casa porque allí me conocen muy bien. Si van a verme, pueden preguntar allí por mí.

El buen hombre a los pocos días preparó un precioso ramo de flores de la huerta y le dijo a su mujer:

—Vamos a ir a Antequera a llevar el ramo de flores a la señora que nos atendió y a darle de nuevo las gracias. Le estaremos agradecidos toda la vida.

El hombre, acompañado de su mujer y su hija, fue al Portichuelo y preguntaron por Socorro, que ellos pensaban que era matrona, pero por más que preguntaron nadie les dio norte.

Entonces decidió marcharse de nuevo a la huerta, bastante contrito de no poder ver a la señora. Pensando, con el ramo de flores en la mano, decidió llevarlo y dejarlo en la iglesia más cercana como adorno y para dar gracias a Dios. Entró en la iglesia y le puso el ramo a la Virgen. Al levantar la cabeza vio que la cara de la Virgen era la cara de la señora que atendió a su mujer en el parto.

Es una bonita leyenda que me comenta María José Ruiz, que me informa también de que la iglesia de la Virgen del

Socorro es propiedad de la cofradía. Pienso que es una buena solución para el mantenimiento de las iglesias a través de los tiempos, ante su elevado número en Antequera, que algunas sean propiedad de las cofradías o, al menos mediante un contrato de cesión en precario. Sería algo bastante lógico.

13. Candelas y doñas

Después de la conquista de Antequera, durante el reinado de Juan II de Castilla, sus tíos, el infante don Fernando y su madre, doña Catalina, fueron los tutores del pequeño monarca al tener el rey un año de edad. Fue nombrado mayor de edad el 7 de marzo de 1419 con trece años. El infante fue corregente hasta 1412, cuando fue nombrado rey de Aragón. El reinado de Juan II estuvo marcado por las intrigas por parte de los nobles y muchas correrías de los granadinos aprovechando esta coyuntura, haciendo estragos en tierras castellanas.

Juan II se casó con una hija de su tío, el infante don Fernando, y cuando ella murió se casó con la infanta de Portugal. Una de las hijas de la infanta portuguesa fue con el tiempo la reina Isabel la Católica.

Juan II era también un probado vate (poeta) y fue también el protector de Jorge Manrique.

En aquellos tiempos las pequeñas batallas entre moros y cristianos eran constantes. En una salida, las fuerzas militares de Antequera (no muy amplias, por cierto) se dirigieron a Archidona de escaramuzas.

Los moros de Lucena fueron informados al efecto (la línea de espías e informadores funcionaba bien) y los lucentinos vieron la oportunidad de retomar Antequera aprovechando que no estaba protegida. A tal efecto dirigieron las tropas de Lucena hacia Antequera, recibiendo esta información los antequeranos. Ante la ausencia de hombres, pues habían salido para Archidona, las mujeres estudiaron la situación y optaron por hacer una serie de candelas en el llano bajo el alcázar, donde años antes habían acampado las tropas del infante don Fernando.

El proyecto de los moros de Lucena era atacar a la mañana siguiente, llegando bien tarde la noche anterior. Al acercarse vieron desde lejos no menos de cuarenta hogueras y pensaron que junto a las hogueras habría tiendas de soldados con sus armas. Ante el temor de entrar en una batalla de resultado incierto y no una cómoda y fácil recuperación de Antequera optaron por volver a Lucena.

De este hecho glorioso fueron informados el rey, Juan II, y su válido, Álvaro de Luna. Como premio, el rey concedió que todas las antequeranas del momento y que nacieran en el futuro tuvieran el título de doñas.

Además, aprovechando este nombramiento, este título se concedía en todo el reino a las mujeres que tuviesen los estudios de Bachiller y también a todas las mujeres después de casarse. Es un privilegio que tiene la mujer antequerana, pues, que sepamos, el mismo no ha sido cancelado. De este hecho viene la tradición de hacer candelas cada año el día de la procesión de la patrona. En la actualidad se hacen tres hogueras: una en la plaza de Santiago, donde está el templo de Santa Eufemia; otra en la plaza de la iglesia mayor de San Sebastián, y una tercera que cambia según el itinerario de la procesión de la patrona, el sábado anterior al 16 de septiembre.

Recuerdo en mi niñez una tradición, ya perdida, que era hacer candelas en las calles, de forma libre. Se reunían los vecinos y las hacían donde estimaban para ver cuál era más grande y duraba más. En ellas se echaban muebles de madera viejos y todo tipo de enseres combustibles que había en las casas y que no servían. Aprovechabas para no tener que llevarlos al punto limpio, como ahora, e incluso algunos tiraban la casa por la ventana y, llevados por el ardor, quemaban cosas que en algunos casos eran útiles o, al menos, discutibles. Tengo en mi memoria escenas donde se quemaban, según mi criterio, muebles antiguos y valiosos por sus años. Pero había otro concepto: quitemos lo viejo.

Estas candelas no dejaban de ser un riesgo porque, aunque después se apagaban con cubos de agua, siempre había el temor de que provocasen algún incendio en caso de levantarse viento, por ejemplo. Además, eran un riesgo porque niños y no tan niños saltaban sobre ellas, con el problema que tendrían si cayesen en el fuego, además de generar daños en el suelo y suciedad, motivo y causa por el que fue prohibida esta actividad, con hondo pesar de los aficionados a la misma.

Ya saben, amigos. Al hablar con alguna mujer en Antequera deben anteponer el título de doña aunque sea una niña. En otros sitios no, pero en Antequera es un privilegio. Y los privilegios hay que aprovecharlos.

14. El túnel musulmán del alcázar

Es una historia que se viene contando de generación en generación entre antequeranos y que padres les cuentan a hijos, aparte de aparecer en escritos. La historia habla de un túnel que une el castillo con un punto algo lejano, el cual es lo suficientemente amplio para que pueda circular una persona y detrás de la misma, sujeto por las riendas, un caballo. Hay muchas versiones de ello en cuanto a que va desde el castillo a muy cerca de la cueva de Menga y cosas así. Yo esto no lo he visto escrito.

Se dice y aparece en algunos escritos que la salida es la cueva de las Albarizas, que yo no sé dónde está, y comentan que la misma fue cegada. Para mí es una ubicación desconocida. Sí hay una pequeña zona que se llama las Albarizas, donde antiguamente estaba la piscina de Romero, piscina Albarizas.

La historia viene a decir que por dicho túnel salió el mensajero que rápidamente marchó para Granada, avisando y alertando a la población de Archidona, Loja y algunos pueblos de la vega de Granada. Llevaba un mensaje escrito por el alcaide moro de Antequera, Al-Karmen, donde peticionaba que se le enviase ayuda con urgencia, pues la ciudad había sido cercada por tropas cristianas.

Se dice que no se esperaban los sitiados tal cosa y pensaban que el ejército cristiano iba a acometer una cabalgada de saqueo, pero no a querer asaltar Madina Antakira.

Se cuenta que la existencia de este túnel es un hecho cierto y que en unas obras en la calle Pasillas se encontraron con el mismo, que inutilizaron en un tramo. Se habla también de obras en calle Nueva en las que, igualmente, al excavar en el suelo se encontraron con dicho túnel.

La leyenda dice que estaba claro que había sido hecho por los musulmanes y que en el mismo había, de vez en cuando, algunas cortas y pequeñas galerías laterales. Puesto que los árabes no acostumbran a enterrar así a sus muertos, se supone que eran vestigios de cuando, en la excavación del mismo, daban con piedra y entonces tiraban o dirigían el túnel para otro sitio. Tampoco encontraron hueso alguno en el mismo después de la conquista los cristianos. Se cuenta que estos cegaron el túnel porque pensaban que los moros podían entrar por el mismo y pillar a los castellanos por sorpresa, pero que no está cegado en su totalidad, sino a la entrada y a la salida, aparte de en los puntos de su trayecto en los que se han acometido obras como las comentadas, que se hicieron para la construcción de casas.

La leyenda del túnel sigue viva a día de hoy y, al hacer cualquier tipo de construcción en Antequera, muchos albañiles que la conocen están atentos por si lo encuentran.

15. La leyenda de Arabella y Tello

Cuenta la leyenda antigua (y hay un extenso romance de Orbaneja que lo relata) que estando ya el infante don Fernando en Córdoba, de donde saldría para la conquista de Antequera, ocurrió en esta ciudad un hecho propio de caballeros andantes.

Un caballero, joven y aguerrido cristiano, vino de Écija a Antequera en busca de aventuras con su caballo, su lanza y su estandarte. Y solo, quizá como consecuencia de su juventud y pujanza, se paseó al trote al pie del castillo con la señal en su pendón de retar a quien quisiera del alcázar.

El alcaide de Antequera lo que hizo fue decirle que sí, que saldría un caballero a un duelo con él, pero realmente lo que hacía era entretenerlo y preparó un grupo de diez o doce soldados para que fuesen y lo capturasen.

En estos instantes llegó a Antequera el alcaide de Ronda, de nombre Arabella, que era también temerario o aguerrido en estos lances. Al informarse le dijo al alcaide de Antequera, Al-Karmen, que no lo prendiese; que él, Arabella, iría al duelo y le daría una lección.

Salió Arabella del recinto amurallado y se fueron ambos, el cristiano y el árabe, al Puente de Lucena, junto al cual había un terreno con suelo compactado preparado precisamente para duelos.

Se pusieron los caballos uno frente al otro, a una distancia que podría ser de no menos de seiscientos metros, y fueron a la carrera uno hacia el otro.

Mientras, muchos soldados del castillo y sus familias habían salido del mismo a contemplar el duelo. Era el espectáculo del día y estas cosas no eran frecuentes.

El cristiano derribó al moro del caballo y ya en el suelo, luchando los dos de pie, le hundió su lanza en la parte alta de una pierna. El cristiano había ganado el duelo. En estos casos el ganador procedía a rematar al adversario y cortarle la cabeza como trofeo. Sin embargo, Tello no actuaba así. Bajó del caballo y con un pañuelo largo le cortó la sangre haciendo un torniquete.

Arabella, tendido en el suelo, le dio las gracias y le dijo que huyera, porque los que estaban observando se lanzarían sobre él en cualquier momento. Tello le dijo que él no huía de nadie y los moros empezaron a acercarse y los rodearon totalmente a muy corta distancia. Ahora el escape era imposible.

Arabella, con voces, indicó que no le hicieran daño, que el cristiano lo había salvado y que para hacerle daño al mismo primero tenían que matarlo a él. En vista de ello, no lo tocaron y fueron al alcázar los dos. Allí Arabella habló con Al-Karmen y le dijo que Tello era un verdadero caballero y que no lo matasen y respetasen su vida.

Dijeron de acompañar a Tello hasta la frontera cristiana, en el río Yeguas. Tello dijo que no, que él había salido para ir a Granada y desafiar a guerreros nazaríes, lo mismo que había hecho en Antequera. Arabella le dijo que era una temeridad, un suicido. Como el cristiano lo tenía muy claro, entonces Arabella le dijo que lo acompañaría a Granada y que allí le presentaría a amigos y que esperaba que desistiera.

Arabella y Tello salieron de Antequera en 1410 con destino a Granada, pero, como días después empezó el cerco del infante don Fernando a Antequera, ocurrió que se le perdió la pista a la pareja comentada y no se han encontrado libros ni ningún escrito donde se hable para nada de ellos después de salir de Antequera. Los hechos comentados los cuenta el romancero.

En el romancero castellano los temas de Antequera, alguno de ellos hecho por antequeranos, le dan un valor singular a la ciudad, pues es una de las más relacionadas con el romance y el medievo. La figura del moro noble sale bien parada en diversos romances.

16. No es verdad que Adán y Eva fuesen de Antequera

Es bien cierto y conocido que la existencia de Antequera, que en latín era Antikaria, es tremendamente antigua, como su propio nombre indica. Antequera procede de «antigua».

Es bien conocido que los dólmenes megalíticos de Menga, Viera y El Romeral son datados muchos siglos antes de la era cristiana y el de Menga es tratado como la catedral megalítica mundial.

También es cierto y verdad que la ciudad del Torcal albergó en dicha sierra a personas de la antigüedad por estar la misma protegida y tener cuevas naturales, así como caza.

Todo ello hace de Antequera un lugar un tanto paradisiaco, pero afirmar, como en algún caso he oído, que Adán y Eva eran de Antequera no deja de ser, evidentemente, una exageración de imposible verificación. Es una opción; podía haber sido Antequera como cualquier otro sitio de Andalucía, pero no deja de ser una mera opinión, una exageración de los antequeranos para enaltecer su tierra y que sitúa a Antequera no ya como centro de Andalucía (que, evidentemente, lo es), sino mucho más allá. Yo mismo la cuento en más de una ocasión ante la sonrisa de los oyentes, pero no diciendo que Málaga, Granada, Córdoba y Sevilla son poblaciones de origen de poblados distinguidos circundantes a Antequera. Eso no se puede decir, pues puede molestar, ni tampoco que sea Antequera el centro del mundo. Es una ciudad impresionante y llena de historia, eso sí; es una ciudad de personas entrañables y solidarias, pues también. Y tiene 33 iglesias. Lo de Adán y Eva entra en el terreno de lo absolutamente hipotético.

Ibn Al-Jatib, a final del siglo XIII, escribía en referencia a Antequera:

> *«Sitio de prosperidad, de sembradores y de rebaños y de abundante población, con sus espaciosas campiñas con toda clase de plantíos y de pastos, así recientes como secos, se ve regada por muchos arroyos y largas acequias que semejan a ensortijadas serpientes y no hay tierra que la supere en sus dones de la agricultura, como tampoco en la recogida de sal».*

17. Privilegio de homicianos en Antequera

El nombre de homicianos viene de homicidios. En definitiva, significa «personas que han matado a otras». Este privilegio, que se concedió a Antequera por el rey Juan II el 20 de febrero de 1448 en Valladolid, fue ratificado por el mismo rey el 27 de agosto de ese mismo año en Toro, posteriormente por el rey Enrique III y, ya mucho más tarde, igualmente por los Reyes Católicos en 1470. Superratificado, por consiguiente.

Mediante el mismo, los que habían cometido delito de sangre conseguían el perdón, la «carta del perdón», después de estar un año y un día al servicio de la ciudad, donde les asignaban, por lo general, empleos muy arriesgados como, por ejemplo, en ejército en primera línea.

No cobraban nada y era una manera económica de disponer de fuerzas para la defensa de la ciudad y la comarca. En aquellos años posteriores a la toma de Antequera por el infante don Fernando en 1410 y hasta la toma de Granada en 1492, Antequera era una ciudad muy conflictiva, arrasada continuamente la vega por tropas granadinas, que de alguna forma tenían en su mente de forma continua la recuperación de la plaza. Antequera lo tenía difícil y complicado. La población, por este motivo, era bastante escasa y el peligro de caer de nuevo en manos nazaríes era continuo.

No todos podían acogerse a este privilegio. Los encarcelados por motivos de sangre tenían sus excepciones que no lo permitían, tales como la falta de lealtad a su señor, el haber abusado de la mujer de su señor y haber quebrantado la tregua que el rey hubiese pactado con los moros sin obedecer instrucciones del rey.

Este privilegio era voceado en mercados y plazas públicas de ciudades para que se difundiera y les llegase a los presos a través de sus familias.

Generalmente, después de conseguida la carta de libertad, el que obtenía este beneficio y no moría en combate se marchaba lejos de Antequera, tierras adentro, a un sitio nuevo donde no le conociesen y pudiese rehacer su vida empezando de nuevo. Era muy raro que alguno quedase en Antequera, la cual, como he señalado, en esa época estaba muy convulsa, pues sus campos y ganado se veían de forma más o menos continua arrasados, venían los nazaríes a hacer el mayor daño posible y mientras no se conquistara Archidona era un verdadero problema, porque los ataques desde Archidona no permitían a la población antequerana, compuesta por castellanos, tener una vida normal. En algunas ocasiones, ante la falta de trigo por lo indicado enviaron a Antequera desde Sevilla alimentos para que fuese posible la supervivencia. Fue dura la vida de nuestros antepasados, donde se curtió el espíritu de hoy.

18. Una guerrera en el ejército del infante, una mujer en la tropa

Sí, una mujer, una guerrera. Vestía la misma ropa de combate que un hombre y entró en la tropa a batirse con el moro como una heroína en busca de aventuras.

Era el 23 de abril. Las tropas cristianas estaban en el río Yeguas, en La Roda de Andalucía. A la mañana siguiente, muy temprano, llegarían a Antequera.

Ella se llamaba Laurena y se aprestaba a preparar las armas para el día siguiente. En la tropa le tenían mucho respeto. Estaba acostumbrada a la fatiga y a las privaciones, estaba curtida. Era bizarra, osada e hija de un muy modesto ganadero allá en Béjar, en aquellos tiempos ciudad de Extremadura, hoy de Salamanca. Era alta y fornida, musculosa y ágil. Venía a ser una líder, a obtener más nombre y condecoraciones.

Por supuesto, nadie osaba darle la menor broma. Se contaba que, entre otras hazañas, la principal fue en su tierra, en las cercanías de Béjar. Un moro, al mando de unos treinta sarracenos, tenía asolados los alrededores de la población con asaltos, robos y crímenes. El moro se llamaba Argelán y era el terror de los ciudadanos de Béjar que osaban salir del pueblo.

Ella vivía con su padre, cuidando el poco ganado que tenía. Su padre fue a Béjar y en esto se presentó allí el moro Argelán, cuando ella aún no vestía de caballero, y empezó a reírse de ella. Ella cogió una lanza, se subió al caballo y se lanzó presta en busca del moro, que igualmente estaba a caballo. Argelán no puso lanza en ristre, sino que evadió la lanza de ella y, cogiendo dicha lanza al paso, logró que Laurena fuese al suelo.

El moro estaba divertido con el encuentro, pero, al acercarse, ella le clavó un puñal, que le atravesó la cota de malla y la barriga. Acto seguido, estando todavía vivo, le cortó la cabeza y la puso sobre la lanza, la cual, hincada en el suelo, situó a la entrada para que su padre la viese bien al volver.

Era una mujer de armas tomar (se contaban cosas así, no siendo esta la única) y era respetada como una de las figuras más aguerridas de la tropa.

Ella se apuntó como voluntaria al ejército, pues falleció su padre, vendió el ganado y estaba sedienta de aventuras para hacer carrera en este arte de la guerra.

Después de este día ya no sabemos más de ella en cuanto al asalto a Antequera ni se ha encontrado nada más. Quizá está perdida la posible información, si es que se escribió. Perdida en la noche de los tiempos.

19. La mora Garrida

Es un episodio muy conocido que ocurrió, según los escritos, durante el asedio y posterior asalto a Antequera en 1410.

Un alférez de la compañía de don Pedro Ponce de León, dando un paseo de inspección en la parte de la muralla que da al río de la Villa, cerca de la Puerta del Agua, vio en los adarves de la muralla a una preciosa mora, de la que quedó encandilado. Atravesó el río, que los lectores deben saber que no es muy grande, y se acercó a la muralla para verla mejor en aquella noche de verano. La descripción que se hace de la mora es un cromo: un bellezón de pestañas muy largas, ni alta ni baja, pelo rubio con caracoles que caían sobre los hombros, ojos de azul intenso, figura ágil y esbelta, de gallarda compostura y pasmosa hermosura. El alférez, que se llamaba Pedro Montalvo, quedó hipnotizado. Se acercó lo más posible a ella, aunque había metros de diferencia al estar él al pie de la muralla y ella encima.

Ella estaba casada y quería escapar de las garras del marido, que se llamaba Ali Reduán y que también tenía otras mujeres. Ella le dijo que quería huir de la *madina* y hacerse cristiana.

También comentó que Yusuf III, el rey de Granada, había estado en Antequera y le había echado los tejos y que ella no le había hecho caso porque lo que quería no era ir a Granada, sino irse a territorio castellano. El nombre de ella era Daifalema, pero no se le conocía por su nombre, sino por Garrida.

La conversación entre ambos, en la paz de la noche, era muy peligrosa. Tanto es así que al poco rato el cristiano notó silbar una flecha junto a sí, que por suerte no le dio. Era uno de los guardas de Madina Antakira. La mora Garrida se puso muy nerviosa porque entendía que el guardián la habría escuchado y esto le costaría la vida. Le dijo al guarda que estaba equivocado y se acercó a hablar con él. En un descuido, le empujó y lo tiró por la muralla, cayendo de cabeza y muriendo en el acto.

Pedro Montalvo le dijo que iría al día siguiente con una escala de cuerda para lanzársela y que pudiera bajar. Y se fue de forma rápida.

Al día siguiente Pedro iba con la escala para que escapara la mora Garrida, pero se encontró con un terrible chasco: ella venía con otro soldado, un francés que estaba en el ejército del infante, de nombre Guillermo de Renes. Este Guillermo también andaba por allí la noche anterior y también fue testigo de la conversación de la mora con Pedro.

Total, querían los dos combatir y ver quién resultaba vencedor, pero con el ruido y las voces acudieron varios soldados cristianos, a los que cada uno contó su versión. Los soldados dijeron de llevar a los tres al infante y que este tomara cartas en el asunto. Ella dijo que antes de ver al infante quería que la bautizaran, cosa que hizo el obispo de Toledo, poniéndole el nombre de Leonor.

El infante, puesto al día, comprendió bien el problema de los dos, ya que era ella guapísima. Es más, también quedó prendado; pero lógicamente, por su puesto y por ser quien era, no podía pensar ni mucho menos en ello, aunque ganas tenía.

Como no sabía qué hacer, el infante les dijo que se esperaran a la toma de Antequera y que él ya vería, concediendo la mano al que hubiese sido más valiente, también pensando que podían morir en el asalto y así evitarse el tener que pensar.

Aquí no acabó el problema, pues los dos se esforzaron a tope, muy motivados por la recompensa, y fueron ambos extremadamente valientes.

El infante no sabía qué decisión tomar. Es verdad que Pedro Montalvo fue el primero que la vio y le habló y que el otro se había colado en la película, pero había tenido mucho arrojo y valentía. Finalmente, don Fernando optó por una sabia decisión: que fuera Leonor la que eligiera. Ella optó sin pestañear por Pedro Montalvo, así que se casaron, no sin antes ser nombrado capitán. Su contrincante, bastante cabreado, se marchó a Francia. El nombre de cristiana de la mora Garrida fue Leonor de Montalbán.

20. El horrible asesino de los cinco niños

El 21 de abril de 1757 fue apresado un moro que trabajaba con el marqués de la Peña. Este asesino había cometido cinco crímenes de niños después de sodomizarlos. Crímenes nefandos.

Después de un sonado juicio, subió al patíbulo en Antequera en 1757 ante la multitud, que quería ver el ajusticiamiento de este horroroso asesino.

Antes de ser ejecutado se convirtió en la misma ceremonia al cristianismo con el nombre de Manuel. A continuación expió sus maldades al pie de la horca, la cual no se llegó a utilizar.

En presencia de todos se le cortó la mano derecha, la cual se colocó colgada en la pared en la calle Fresca, que fue donde se encontró al primer niño asesinado. Se le cortó la cabeza, que se situó en la parte superior de una estaca en el Cortijo El Romeral, donde se encontró el segundo cadáver. El resto del cuerpo no se descuartizó, sino que se procedió a quemarlo en un haza o parcela de tierra, que desde entonces se llama la Haza del Moro.

Este suceso fue conocido en toda España, que quedó conmocionada por la violación y asesinato de los cinco niños, que no sobrepasaban los diez años, siendo de lo más horrible acontecido en aquella época.

21. El proyecto de desagüe de la laguna de Fuente de Piedra

En 1828 se formó en Antequera una sociedad para desaguar la laguna de Fuente de Piedra, en aquellos entonces con el nombre de laguna de Antequera y que formaba parte del término municipal de Antequera.

Por parte del ayuntamiento se vio que esto era una atrocidad y se recurrió al rey, Fernando VII. Las salinas eran de explotación real y el rey consideró que ya no era rentable su explotación y que, por tanto, mejor secarla y utilizar sus terrenos de labor. Era una época en la que también las lagunas con aguas estancas se consideraban perjudiciales por los muchos mosquitos, causantes de posibles enfermedades.

Aquí hubo una posición férrea por parte de los responsables de la ciudad, que calificaban el proyecto como desatinado y fuera de lugar, aparte de ser muy gravosa para la Corona su inversión en este capítulo.

Esta medida de desaguar lagunas era un poco general para todas aquellas en las que, por su poca cantidad, no era rentable sacar la sal, donde había poca producción o donde la sal fuese de mala calidad.

A tal efecto, por indicación de la Corona se efectuaron análisis del agua de la laguna e informes médicos en cuanto a que la sal era de una gran calidad. Además, se enviaron números de lo que suponía anualmente para la Corona la extracción de la sal, aparte de dar trabajo a veinte familias. El proyecto de eliminar la laguna quedó aparcado.

La laguna estaba cerca de un lugar que se llamaba Fuente la Piedra, cuyas aguas tenían muchas ventajas como aguas medicinales para los que tenían piedras en el riñón, tema conocido y prestigiado desde el tiempo de los romanos.

Ya estaba el Ayuntamiento de Antequera tranquilo al haberse calmado el tema cuando en 1835, ya en tiempos de Isabel II, aparece un real decreto para que se pusiera en pública subasta el desagüe. Ello originó confusión. El motivo esgrimido, de nuevo, fue que no era rentable la extracción de sal. La decisión era la supresión de todas las lagunas no rentables en ello, es decir, secarlas. Eran unos tiempos en los que el asunto del medio ambiente no se sabía qué era.

De nuevo el recurso del ayuntamiento y su oposición tenaz hicieron que el proyecto para la laguna de Fuente de Piedra fuese por fin desestimado. Si no hubiese prosperado, probablemente estaríamos hoy sin ella.

22. Antequera, defendida por mujeres

El tercer alcaide de Antequera fue Hernando de Narváez, que lo fue a partir de 1426. Tuvo éxitos sonoros en sus guerras con los musulmanes y, quizá un tanto guiado por su fuerza, se adentró con cien jinetes y otros cien soldados de a pie en terreno nazarí. Llegaron a las puertas de Loja y de sus campos robaron ganado y lo que pillaron. Al regreso hicieron lo mismo con Archidona. El caminar del regreso era lento, pues venían con bastante ganado y diversos rehenes presos.

Los musulmanes de Archidona y Loja se coordinaron y fueron a la Peña de los Enamorados, ocultándose por allí y esperando a que los cristianos pasaran por la zona a su regreso a Antequera.

Venían muy cansados y acamparon a la falda de la peña, ya en territorio cristiano, considerándose a salvo. Fue un error, porque por la noche se lanzó el ejército moro en silencio sobre ellos y pasaron a cuchillo a la práctica totalidad. Solo se salvaron ocho o nueve personas, entre ellas Hernando de Narváez, que huyeron para Antequera.

Con esta derrota tremenda, con esta matanza, Antequera prácticamente estaba totalmente desprotegida y era buen momento para asaltarla. Esto mismo pensó Hernando de Narváez que harían las tropas moras y por esta circunstancia mandó que todas las mujeres se vistiesen de hombres, de soldados, y se pusieran en las almenas para que viesen los musulmanes que la plaza estaba bien protegida. Con todo y con ello, estuvieron tres días cercando la ciudad y ya el cuarto les informaron de que venían soldados cristianos y optaron por levantar el cerco.

Los soldados eran pocos y venían como guardaespaldas acompañando a una señora, María de Padilla. La leyenda indica que la ciudad la defendieron mujeres y que fue salvada en última instancia por otra mujer. Este hecho cierto aconteció de la forma indicada.

La escabechina de la peña dejó muchas viudas en Antequera, un desastre, y fue además el gran lamparón del que ya nunca se podría desprender Hernando de Narváez.

23. Antequera se niega a ser devuelta al Reino de Granada

En 1442, el rey Juan II de Castilla escribe al alcaide de Antequera, Hernando de Narváez, diciendo que abandonen todos la ciudad y se vayan a Córdoba, donde ya está todo preparado para ser acogidos.

El rey explica que el reino está fatal de tesorería, entre otras cosas debido a las guerras y problemas que tiene con los infantes de Aragón, y que el rey moro le ha tendido la mano para llegar a una tregua y que a él le parece muy bien. Por otro lado, indica Juan II al alcaide que las subvenciones anuales que recibe para el mantenimiento de los soldados en Antequera dejará de percibirlas en el futuro.

Hernando de Narváez procede a que se dé lectura a los ciudadanos del escrito recibido del rey cuantas veces quieran y posteriormente convoca una asamblea general, solo de hombres por motivos de espacio. En la misma se discute si se le ha de decir al rey que Antequera no se entrega, o bien si se le dice que se abandona, de acuerdo con las instrucciones reales. Se debate ampliamente. Las personas mayores son de la opinión de votar el abandono de Antequera para evitar derramamiento de sangre. Los más jóvenes son partidarios de luchar a muerte.

Hay que tener en cuenta que una fuente de financiación son los botines que se obtienen en las escapadas a tierras árabes, que con un acuerdo de tregua quedarían prohibidos.

Un personaje de buen hablar y convincente como es don Pedro González de Ocaña capta la atención de la reunión y da un discurso magistral en cuanto a no entregar a Antequera por nada del mundo.

Total, se decide contestar al rey que la ciudad no se entrega, lo que se efectúa con un escrito fechado el 1 de abril, en el que con toda cortesía se le expone al digno rey que no es pensamiento de los antequeranos abandonar la plaza. Juan II queda contrariado y contesta con una carta-orden, diciendo que han de hacerlo y que, desde luego, no recibirán más subvenciones.

El alcaide contesta que las subvenciones no le preocupan, ya que llevan más de cinco años sin recibirlas y están acostumbrados, y que llegue a un acuerdo con el rey nazarí, si así lo estima, excluyendo a Antequera.

En este segundo escrito, en definitiva, Antequera se niega a acatar las instrucciones del rey; pero, contrariamente a lo pensable, al monarca no le defrauda y se lo toma a bien. Ya al menos no tendría que pagar el mantenimiento del ejército en Antequera.

Hernando de Narváez remite copia de los escritos al obispo de Sevilla y le ruega que le envíen dinero desde Sevilla, quedándose en que las limosnas que se recaben serán para su envío a Antequera.

De esta forma singular y pasando penurias, Antequera no pasó al Reino de Granada y tuvo una serie de problemas con los musulmanes hasta que los Reyes Católicos conquistaron Granada.

24. Antequera y el privilegio de ciudad

Fue en 1441, el 9 de noviembre, cuando el rey de Castilla le concedió el título de ciudad para que en el futuro y para siempre jamás su nombre fuese Ciudad de Antequera. Posteriormente, en 1443, el mismo Juan II ratificó este privilegio, otorgado por sus luchas fronterizas con los musulmanes y por las carencias y guerras a las que estaban sometidos los antequeranos.

Posteriormente, en 1462, Enrique IV la liberó de tener que pagar diezmos al rey en la tercera parte de los mismos. Los diezmos eran una especie de IVA que se cobraba en especie, teóricamente el diez por ciento, aunque solía ser menos de forma habitual. Inicialmente todo era para la iglesia, que lo dividía en tres partes, una para la construcción de templos, otra para los curas y monjas de la localidad y otra para la catedral y sus capitulares.

La de la construcción de templos en los terrenos conquistados el papa se la revirtió al rey y este, en el caso de Antequera, renunció a esa tercera parte para que quedase en las arcas del municipio. Los diezmos duraron hasta varios siglos después, ya entrado el siglo XVIII, cuando se sustituyeron por otro tributo.

El poder disponer el cabildo del tercio de los diezmos para siempre jamás era una prerrogativa del rey, habida cuenta de los muchos servicios efectuados por los antequeranos. El privilegio de los diezmos le fue concedido a Antequera el 19 de diciembre de 1466. Esto se perdió cuando el tema de diezmos desapareció, en el comentado siglo XVIII. Realmente, era estupendo para las arcas municipales.

También tuvo otro privilegio la ciudad años después del privilegio de los diezmos, que fue el de serle otorgado el título de «Muy Leal Ciudad», habida cuenta de los méritos contraídos.

25. La leyenda de la Fuente del Toro

En la parte alta de Antequera, en la plazuela delantera del Arco de los Gigantes, zona monumental, hay unas maravillosas e impresionantes vistas de la ciudad. Recomiendo que todo visitante debe verlas, es esencial.

Cerca del mirador y, por consiguiente, del Arco de los Gigantes hay una fuente que llama la atención. Es la Fuente del Toro. Es una fuente peculiar. Lógicamente, como en casi todas las fuentes hoy, en ella no corre el agua. Con un pequeño motor y circuito interno no tendría apenas consumo de agua, salvo la evaporada, y su consumo eléctrico sería mínimo. En todas las fuentes de Antequera debe manar el agua. No es razonable una fuente sin agua.

Esta fuente, situada en calle Rastro, arriba, cerca del Arco de los Gigantes mencionado, es peculiar y corre sobre la misma una curiosa leyenda, que relata el famoso escritor americano Washington Irving en su libro *Cuentos de la Alhambra*.

Washington Irving pernoctó en la posada de la Cuesta Zapateros, un lugar con embrujo donde descansaban y comían no solo las personas, sino también los caballos y carruajes que traían.

Llama la atención la fuente por tener su mármol piezas blancas y piezas negras, lo que desconcierta un poco. No sabes en qué color quedarte. En ella hay grabada una leyenda: «En la frente del toro encontrarás un tesoro». En la parte de arriba hay esculpida la cabeza de un toro. En Campillos hay una puerta con la misma combinación de colores que la fuente.

Según la leyenda, debido al mensaje de la fuente, más de una vez en los alrededores alguna que otra persona o grupos de las mismas hacían indagaciones para intentar encontrar el tesoro. Parece ser que incluso desmontaron la fuente con este fin.

No se sabe el origen de la fuente y de su enigmático mensaje, pero sí está claro que descubrir un tesoro era un sueño que les gustaría a todos los mortales. Y así, con el embrujo de esta leyenda, paisanos, forasteros, jóvenes y mayores iban a la fuente con el ánimo de escudriñar, hacer cábalas, barajar hipótesis de ubicación posible y después, aprovechando alguna ocasión propicia, intentar con pico y pala descubrir el tesoro.

La situación era un tanto desesperante cuando los intentos se frustraban. Quedaba el asunto unos años aparcado hasta que de nuevo florecía y de nuevo se empezaba a estudiar el tema.

Todo ello hasta que en un determinado momento una joven encontró, leyendo legajos antiguos en la sacristía de una iglesia, un papel un tanto doblado y polvoriento haciendo alusión a la fuente y reseñando que en la frente del toro se veía Antequera en su totalidad, plenamente, y que Antequera era un tesoro para la Corona. Ya con ello se aclaró el tema y se dejaron de hacer las prospecciones cercanas en la búsqueda del tesoro.

Pero hay quien dice que el papel encontrado no era auténtico, sino que fue una bonita imitación efectuada por la joven para que dejaran en paz la zona, valiéndose, desde luego, de la verdad que reseña: que Antequera es un tesoro.

Todo ello me hace pensar que de nuevo cualquier día, ya de otra manera, quizá por alguien de forma legal se pongan de nuevo en marcha las excavaciones pertinentes. Que Antequera es un tesoro es cierto, pero puede ser que la frase no se refiera a la misma. Ya se verá con el tiempo.

26. Al señor obispo le roban la bufanda en Antequera

Un hecho ocurrió, según figura en escritos de esta ciudad de Antequera, en una visita que hizo el obispo de Málaga don Antonio de Piña Hermosa hace algunos años, no pocos. Concretamente, en 1663. Bueno, tres siglos y medio no son tantos.

El señor obispo vino a hacer confirmaciones en la iglesia de San Sebastián y mientras las hacía alguien entró en la sacristía y le robó al señor obispo una preciosa bufanda confeccionada en Italia que este siempre cuidaba mucho. La doblaba con mucha delicadeza porque le tenía a la misma un alto aprecio y cariño.

El señor obispo estuvo buscando un tanto enfadado (o muy enfadado) la susodicha bufanda al retornar a la sacristía mientras su corazón le latía cada vez más aceleradamente y con fuerza.

Era imposible que se le hubiese perdido. Él recordaba perfectamente como, después de doblada con mimo, la había dejado encima del armario. No había otra alternativa que pensar que se la habían robado, pero es duro pensar que un feligrés entre en la sacristía para robar cuando va a la iglesia a quedar bien con Dios. Por supuesto, no quería pensar que el robo lo hubiese cometido uno de los tres monaguillos, tan píos y buenos. La mente le bullía, no era posible que su querida y amada bufanda hubiese desaparecido, que se la hubiesen quitado a todo un obispo.

Ciertamente descompuesto, pues no era habitual robar a un obispo, encargó al vicario de Antequera que hiciera por escrito y verbalmente la consiguiente reclamación y las gestiones, de tal forma y manera que no cejase en ello hasta que la bufanda apareciese. Se barajó, por ejemplo, que el ladrón de forma anónima la dejase dentro del confesionario cuando este estuviese vacío para no identificarlo. En fin, se barajó esto y tuvo el señor vicario como encargo muy preferente hacer las gestiones, no parando hasta que la bufanda apareciese.

El señor obispo se fue en coche de caballos y el vicario quedó muy preocupado, porque no quería defraudar a su jefe, el señor obispo, por la gracia de Dios.

A tal efecto el vicario preparó un edicto amenazando con la excomunión al autor o autores del robo (más bien parecía que fuese una sola persona), excomunión que entraría en vigor si no se entregaba de forma rápida dicha bufanda. Porque, claro, ¿qué sería del señor obispo sin la bufanda? Pero pasaron los días y la bufanda no apareció.

Posteriormente a los hechos, bastante posteriormente, unos sesenta años más tarde, el obispo entonces vigente encontró en el confesionario, envuelto en un paño que parecía parte de una sábana, un paquete con dos líneas en un papel que decían: «Esto se lo robó mi abuelo al obispo de Málaga en 1668».

27. El inicio del desplome de la Torre del Homenaje

La Torre del Homenaje del Castillo de Papabellotas estuvo a punto de desplomarse en 1819. En esos años el ayuntamiento estaba en la plaza de Abastos. La situación era angustiosa, el desplome era inminente de un momento a otro. La situación de dicha torre era más que lamentable. Se veían en la misma anchas y enormes grietas, aumentando por momentos. El chapitel, con su campana, caería igualmente y se encontraba además en fatal estado de conservación.

Ya se había hecho y valorado un presupuesto y se disponía de planos para su restauración. Se había pedido a Málaga autorización para sacar la obra a pública subasta. La Junta de Propios y Arbitrios del Ayuntamiento, que en definitiva maneja los dineros, tenía que dar o no la aprobación dependiendo de su estado financiero, generalmente malo. El 31 de julio de 1819 se da la aprobación cuando ya se está en el último suspiro, cuando ya la torre no aguanta más y las grietas son cada día más grandes. Al fin la ciudad suspira, al fin Antequera no se queda sin la emblemática y señera torre. Es su sello, su insignia, su referente. Antequera y el castillo. El castillo y Antequera.

Se pide a los alarifes o contratistas de obras más cualificados en Antequera que presenten su oferta. En la subasta los contratistas no habían surgido de la noche a la mañana;

eran profesiones que, más o menos, iban de generación en generación. Todos buenos, todos de confianza.

Gabriel Navarrete, que había construido el palacio de los condes de Pinofiel, fue el primero en presentarse. Otra candidatura fue la de José Cubero, que tenía igualmente mucho interés. Los otros dos contratistas que había en Antequera, por unas cosas y otras, dijeron que no se presentarían.

El 30 de septiembre tuvo lugar la subasta pública. Solo estaba José Cubero, no se presentó Gabriel Navarrete. Obviamente, José Cubero cubrió la misma un poco por encima del presupuesto y se le adjudicó.

Gabriel Navarrete entró en pleito, pues no se había enterado. Estaba de viaje y no se le había notificado por escrito. Pero la torre no sabía de pleitos, no aguantaba. Era ya noviembre, se había entrado en lluvias y el problema de desplome aumentaba de forma trepidante. Recurrieron a Málaga para que contestasen de inmediato sobre el pleito entre los dos contratistas. La situación era más que grave. En Málaga se dieron prisa y le dieron la razón a José Cubero, que era arquitecto, lo mismo que Gabriel Navarrete.

Empezó a soplar el viento, la lluvia se había iniciado. Ya teniendo la aprobación, José Cubero a la mañana siguiente subió al castillo con personal y equipamiento. De esta forma, la Torre de Papabellotas recuperó juventud, recuperó belleza e hizo posible su permanencia en el tiempo.

Cabe mencionar como después, ya a primeros del siglo XXI, el alcalde Jesús Romero, entre sus muchas obras por Antequera, hizo las obras del chapitel, poniéndolo como estaba cuando se construyó en 1.582. La campana se puso como elemento fundamental para organizar la vida de la ciudad en el año comentado de 1.582, siendo una de las campanas más grandes de España.

28. El Angelote de Antequera

Es uno de los símbolos o emblemas antequeranos más relevantes. Es la veleta más emblemática de Andalucía después del Giradillo, en Sevilla. La segunda es, por su importancia, el Angelote de Antequera. Fue diseñada por Andrés Burgueño iniciado el siglo XVIII. Posteriormente, en 1772, se bajó y se doró con oro de veintidós quilates.

Esta veleta está en la torre más alta de la ciudad y en la plaza más principal, en la iglesia de San Sebastián, que fue colegiata hasta que las colegiatas fueron abolidas en virtud de un concordato entre la Santa Sede y España siglos atrás. La iglesia tenía la pretensión de ser catedral, pero por motivos políticos eclesiásticos esto no prosperó.

En 1926, como consecuencia de un incendio, el Angelote cayó desde lo alto de la torre al tejado de la casa colindante, de los señores Bouderé.

La tradición comentaba que en el pecho del Angelote había una reliquia de Santa Eufemia. Cuando cayó al tejado, efectivamente, se vio que en el pecho tenía injertado como un tubo para la reliquia, terminado con un cristal, pero el cristal estaba roto y no había reliquia, aunque sí algunos papeles que acompañaban a la misma.

La leyenda habla de que al inicio del siglo XX un ladronzuelo atrevido quedó escondido en la iglesia el día anterior para, aprovechando la oscuridad de la noche, subir al Angelote, con el riesgo que ello entraña, y robar la reliquia de Santa Eufemia. Lo que no se sabe es si pudo romper el cristal y llevarse la reliquia, o bien se le cayó volando y la perdió, no pudiendo salir de la iglesia hasta el día siguiente y siendo imposible encontrar la misma al haber tejados en un lado, y mucho menos en la plaza.

La leyenda dice que la reliquia de Santa Eufemia fue portada por un ángel, que la cogió al vuelo y la llevó a la iglesia de su nombre en Antequera, donde quedó oculta en un lugar de su torre, bien escondida para que nadie la robe. Sea como sea, cuando cayó el Angelote el cristal de la reliquia estaba roto y la reliquia no estaba.

En 2010 fue bajado el Angelote para dorarlo de nuevo y que estuviese reluciente en ese año, cuando se celebraba el sexto centenario de la conquista de Antequera. Al subirlo de nuevo, en el interior del brazo se introdujeron documentos con el arreglo efectuado y demás detalles.

La Torre de San Sebastián tiene un gran reloj, que se construyó en 1713, hace más de trescientos años, que son muchos. Antes había que darle cuerda todos los días; hoy, siendo el mismo reloj, tiene un sistema automático para darle cuerda.

En 2019, Canal Sur Televisión emitió para toda Andalucía las campanadas de fin de año desde la plaza de San Sebastián de Antequera, bajo el Angelote, con el reloj centenario. Estuvimos allí Trini y yo, no quisimos perdernos este hito.

La plaza ha tenido una remodelación en 2019, con la que ha ganado mucho. Allí tenemos un monolito que señala a Antequera como kilómetro cero de Andalucía. Era el punto desde donde se contaban las leguas de las calzadas romanas.

Cerca del monolito, sentadas, como hablando en un lenguaje silencioso, se encuentran dos figuras o esculturas en metal señeras en Antequera, la de José María Fernández, pintor y escritor; y la de José Antonio Muñoz Rojas, ilustre escritor y poeta de las letras andaluzas. Sugiero sentarse en el banco, entre los dos, y echar la mente a volar.

Una belleza céntrica con tanta historia como la Torre de San Sebastián debería ser visitable, que se pudiese subir a la misma. Entiendo que, de alguna forma, los templos y monumentos deben tener sus ingresos y que los mismos vayan encaminados a su conservación y mejoras.

29. La mezquita de la rábita antequerana

En las crónicas del Rey Juan II, en lo que se refiere a la conquista de Antequera, se comenta sobre la mezquita de la rábita de Antequera y no sabía ubicarla. En mi libro *La conquista de la Antequera musulmana* leí y estudié bastante (aunque siempre hay una escala superior al bastante). En fin, tenía esta laguna. Ya posteriormente he venido indagando.

Hay muchos parajes en España con este nombre, rábita o rábida. Incluso ha dado nombre a ciudades. En definitiva, es una palabra árabe que alude a un lugar que tenía doble función, una como sitio de rezos o religioso y otra como sitio de vigilancia ante posibles ataques enemigos. A los que vivían en las rábitas se les llamaba morabitos y eran, en definitiva, monjes y guerreros simultáneamente.

La rábita de Antequera era el cerro de San Cristóbal. Allí, encima, había una mezquita pequeña, de una sola nave, y había habitantes junto a la misma, que eran sus vigilantes. Casi lo primero que hicieron las tropas del infante fue despejar el cerro y los morabitos salieron huyendo cerro abajo para recluirse en el alcázar, lógicamente. Al cerro, tras la conquista, se le puso el nombre de San Cristóbal, santo que, según la historia, ayuda a los viajeros. Era transponer el fin de vigilancia del cerro de una religión a otra.

La mezquita se bendijo como ermita de San Roque. Roque viene de roca, de fuerza; un santo alto y fuerte que con su mano sanaba a los enfermos. Para entender este nombre hay que saber que nada más ver al infante don Fernando uno se daba cuenta de que estaba enfermo por su color blanquecino y por su delgadez. Era normal pensar que algo malo le pasaba y donde él iba las encomiendas eran a santos sanadores.

A la mezquita se le fueron haciendo arreglos y en 1676 se acometió uno que fue casi hacerla de nuevo. Se quitó a San Roque y se le puso el nombre de ermita de la Virgen de la Cabeza, como filial de la del mismo nombre de Andújar (Jaén).

La Antequera musulmana empezó a tener importancia a partir de mediados del siglo XIII. Con la conquista de Sevilla, al quedar Antequera como ciudad fronteriza, los musulmanes empiezan a invertir en el *hins* (es decir, en el refugio, en la alcazaba o castillo) ante la poca seguridad que ofrecían las alquerías o cortijadas, algunas de las cuales eran continuación de las villas romanas. Cuando Antequera es ciudad fronteriza de los musulmanes es cuando empieza a crecer como tal de forma importante, porque además a ella vienen árabes expulsados de Sevilla y de otras procedencias.

Lo que ocurre con la antigua mezquita de la rábita, que sería ermita de la Virgen de la Cabeza, es que se abandona. Vivir encima de un cerro es de todo menos interesante para abastecimientos o para visitantes y la cierran. Las imágenes las llevan a San Juan y, bueno, ya sabemos lo que ocurre con los sitios abandonados y aislados: se llevan los materiales y solo quedan los cimientos.

Al cerro de San Cristóbal fui cuando niño en algunas excursiones a buscar cristales de cuarzo. Si no era uno, era otro, pero al final alguno daba con algún cristal de cuarzo poliédrico de un centímetro de lado, más o menos.

No me imaginaba la mezquita de la rábita encima del cerro de San Cristóbal. Pero así fue.

30. La leyenda de la Virgen de los Remedios

Algunos años después de la conquista de Granada por los Reyes Católicos en 1492 llegó a Antequera fray Martín de las Cruces. Era antequerano y religioso tercero de San Francisco y volvía o venía de Córdoba a su tierra.

En aquellos tiempos el actual Portichuelo era un monte salvaje, sin viviendas. Allí se hizo él, con ramas y como pudo, un chozo donde vivir, alimentándose con limosnas. Estaba el chozo donde hoy está la iglesia de Santa María. Fray Martín había vuelto a Antequera con la idea de construir una iglesia y convento de su orden porque las cosas no le iban nada bien.

En esos años varios agricultores del Pago de la Suertes (muy cercano a la actual venta La Yedra), concretamente cinco, cuyos nombres se conocen perfectamente, tenían el problema de que para venir a misa ellos y sus familias tenían que andar varios kilómetros y los caminos no eran buenos en aquellos entonces. Por este motivo promovieron la construcción de una capilla, cosa que les fue autorizada junto al Camino del Cañuelo.

Les faltaba un cura y, sabiendo lo de fray Martín de las Cruces, le ofrecieron el puesto, cosa que aceptó encantado. Vio con ello el cielo abierto. Lo que no tenían en la capilla era ninguna imagen. Una capilla sin imagen era difícil de entender.

Un pastor que trabajaba allí para un agricultor-ganadero, viendo la situación, indicó que él tenía una estupenda imagen. Esta imagen la había robado el pastor en la provincia de Córdoba, en la iglesia de Villaviciosa. No era muy grande. Evidentemente, no dijo que la imagen era robada. La entregó para la ermita y todos contentos.

Pero ocurrió un día que un cordobés, de pura casualidad, estuvo en la ermita y al ver la Virgen y su vestimenta de inmediato la reconoció: «Esta es la Virgen que robaron en Villaviciosa». Se vio el asunto, se comprobó y era verdad, por lo que la mencionada Virgen tuvo que ser devuelta a Villaviciosa, aunque parece ser que los de Córdoba la robaron en Villaviciosa de Portugal, pero esto es otra historia. Lo cierto es que la ermita de las Suertes se quedó sin imagen.

Un día, a las diez de la mañana, estando orando fray Martín, llamaron a la puerta de la ermita. Abrió la puerta y era un señor muy elegante vestido de blanco, que llevaba un brioso caballo, llevando una imagen envuelta en un paño. El caballero dijo exactamente: «He aquí tu remedio y el de la ciudad de Antequera».

Fray Martín se puso muy nervioso y tomó la imagen para llevarla al interior y avisar a sus compañeros de la capilla-convento. Al poco volvió a la puerta de la ermita para darle las gracias al caballero y hablar con él, pero en la puerta no había nadie. Fueron corriendo por los caminos para tratar de encontrarlo y no vieron nada, ni las huellas, por más deseos que tenían de verlo y pese a haber dedicado varias horas a la búsqueda. Entonces pensaron que realmente el caballero era o bien un ángel o bien Santiago, patrón de España.

La imagen de la Virgen de los Remedios tomó un fervor inusitado por los habitantes de la ciudad de Antequera.

A título de ejemplo, en 1598 hubo una sequía atroz. Fueron a por la Virgen para traerla en procesión de su ermita a Antequera. El camino estaba malo, como era habitual, y también arreglaron el puente que hay entre su capilla y Antequera, que se llama Puente de los Remedios por ello precisamente.

En 1601 le hicieron un novenario, pero muchas personas no podían ir debido a la distancia o por ser mayores.

En 1605 hubo otra sequía, sin haber habido cambio climático, y de nuevo fueron a por la Virgen, a la cual dejaron un tiempo en Antequera. La dejaron en la capilla de Belén, pero era una casa que no era la suya, por lo que había quejas. La llevaron a la capilla de San Bartolomé, que estaba en calle Estepa, esquina con calle San Bartolomé, pero estaba claro que no podía estar así en Antequera la Virgen milagrosa y que necesitaba una iglesia-convento con su advocación, que se hizo realidad en la estupenda iglesia de los Remedios y el convento anexo, que es donde está ahora el ayuntamiento.

Fue también nombrada patrona de Antequera, junto con la que ya teníamos, Santa Eufemia, que es la patrona conquistadora. Ya en este siglo se nombró un tercer patrón, que es el Cristo de la Salud y de las Aguas. Tenemos en Antequera un patrón y dos patronas. Somos diferentes.

Esta es la bonita historia de la Virgen de los Remedios, que no es nueva, sino que viene de boca en boca, perdurando por los siglos.

31. Los incendios de la iglesia mayor de San Sebastián

Ocurrió el primero, el más importante, en 1692, exactamente el 11 de noviembre. El sacristán de San Sebastián, Pedro Escalona, tenía un buen amigo que se dedicaba al tema de fuegos artificiales, a su fabricación. Un pirotécnico, como se llaman ahora. Su nombre era Juan Navarro.

Juan le pidió a Pedro que, por favor, le almacenara en la iglesia seis sacos de pólvora que había comprado. Había en la iglesia un lugar muy fresquito, el altar mayor. Estaba en una plataforma elevada, a la que se subía por diez escalones, y debajo de esta plataforma había un gran hueco, con su puerta trasera, que servía para guardar algunos enseres y trastos.

Pedro, el sacristán, le dio permiso a Juan y allí con cuidado metieron los sacos de pólvora, con lo que el fabricante de fuegos artificiales quedó muy agradecido a su buen amigo. «Para eso están los amigos», pensaría más que inadecuadamente.

De ello, no sé cómo, se enteraron los tres monaguillos (o uno y se lo dijo a los otros dos), que decidieron entrar y robar alguna pólvora en una pequeña bolsa para jugar entre ellos. Entraron a dicho habitáculo con una vela.

La explosión fue más que tremenda. Por supuesto, a los tres monaguillos se les recogió en pedacitos; se levantó el suelo, saliendo disparados cascotes por toda la iglesia, rompiendo lo que encontraban a su alrededor; el altar mayor quedó inservible, totalmente destrozado, y quedaron destruidas muchas de las imágenes. La explosión causó además un incendio. Ardieron los confesionarios, las banquetas de asiento, los cristales se rompieron… Un verdadero desastre.

Con motivo de este desastre se iniciaron las obras de inmediato para el arreglo de la iglesia mayor. Como estaba previsto el traslado de la colegiata de Santa María la Mayor a San Sebastián, este desastre tremendo hizo que este traslado se acelerara. Así, las imágenes y el altar mayor de Santa María se aprovechaban en San Sebastián.

El segundo de los incendios, ya en el siglo XX, tuvo lugar el 10 de junio de 1926. La parte de arriba de la torre de San Sebastián era de madera y con motivo de la fiesta del Corpus era tradicional subir a la torre y desde allí tirar cohetes.

Se supone que esta fue la causa. Aquella tarde, sobre las seis y media, la torre comenzó a arder, concretamente el chapitel, no produciéndose llama, sino un humo blanco intenso. Se supone (no se sabe) que algún cohete de la mañana quedaría no del todo apagado o que caería al tejado de la torre. Lo que sí se sabe es que empezó a formarse una humareda grande, enorme, y que rápidamente la campanera con su nieto subieron a la torre y no bajaban.

La gente se fue acercando a la plaza de San Sebastián y subieron a la torre tres personas: un guardia municipal, un guardia civil y también José García Berdoy, que acudió ante el humo. Por suerte, la campanera bajó con ellos sana y salva con el nieto. Eso sí, tosiendo fuertemente por el humo.

Tras el humo y las llamas llegó el camión de riego, el camión de bomberos que sigue en funcionamiento en la actualidad en la feria como joya antigua, pero no había manguera suficiente para que con la manguera y con la presión el agua llegase hasta la cima de la torre. Finalmente se consiguió poner un alargamiento a la tubería del camión, con el que fue factible. Pero ya era bastante tarde. El Angelote, con el fuego, había caído sobre el tejado de los señores Bouderé y la bola situada al pie del Angelote rompió totalmente un cierre de balcón.

Después de ello la torre se arregló, pero en la parte superior se sustituyó la madera por el ladrillo. Esto no gustó, pues perdió el carácter y la prestancia que tenía antes, pues no era habitual que el remate de una torre fuera de buena madera.

Nuestro pintor, artista e historiador José María Fernández se opuso a que fuese de ladrillo. Esto se hizo así por motivos de seguridad y para que no volviese a ocurrir otro incendio, pero perdió la originalidad que tenía.

No es la vez primera que iglesias arden por tema de las velas o de fuegos artificiales. Hoy día, lógicamente, no tiene sentido usar velas y sí instalaciones eléctricas, mucho más seguras contra incendios. Y los fuegos artificiales requieren especialistas y zonas aisladas y separadas para ello.

Ahora me viene a la memoria un bautizo al que asistí en Sevilla. Los padres del bebé eran valencianos. El bautizo fue en el campo, en el cual había unos jardines muy bonitos. Tiraron unos cohetes y uno, en su caída, fue a parar a un gran seto, que al menos tenía dos metros de altura. De inmediato se formó un incendio importante, que corrió por el seto verde en muy poco tiempo. Menos mal que estaba separado de la casa.

En el incendio de la torre de San Sebastián la parte buena fue que no hubo que lamentar víctimas.

32. Los incendios de la iglesia de la Trinidad

Fueron tres y en las siguientes fechas: 27 de marzo de 1932, 30 de abril de 1935 y 18 de julio de 2000. Escribo sobre este tema por tres razones, que sin orden de prioridad señalo:

En primer lugar, porque es mi parroquia y donde me casé, aunque mis hermanos y yo nos bautizamos en San Isidro. Somos «hermanos pilongos», es decir, todos fuimos bautizados en la misma pila bautismal, que no fue la de la iglesia de la Trinidad, sino la de San Isidro, iglesia que tuvieron la atroz decisión de demolerla, venderla y hacer un bloque de pisos. Una aberración total, se piense como se quiera. Cuando se destruyó San Isidro se hizo parroquia a la Trinidad con fecha 24 de junio de 1957.

La segunda razón es que mi madre, mis abuelos por parte materna y mis tíos intervinieron de manera activa en el intento de controlar el segundo incendio. Me lo refirió en más de una ocasión mi madre mientras los ojos se le humedecían por la pena de haber visto arder su iglesia.

En tercer lugar, porque creo que es necesario que las iglesias tengan inspecciones de seguridad, lo mismo que las industrias. Deben tener sus normativas en cuanto a tener instalación de agua de seguridad, revisiones de la instalación eléctrica, prohibir la utilización de velas... En fin, tener la protección antiincendios lógica, pero esto no se hace (pensemos, por ejemplo, en el desastre tremendo de Notre Dame de París, aunque es de otro país).

No es lógico que un patrimonio artístico carezca de medidas de seguridad como son, por ejemplo, las antirrobo y que mientras se produzcan robos de arte en las iglesias (aunque de las mismas debería haber copias; los originales deberían estar en el museo y si son muchas, pues en un museo específico de contenidos religiosos). Las autoridades eclesiásticas deben actualizarse en este sentido. Otra cosa es cómo se financian estas medidas, pero eso después; primero pongamos las normas por los organismos competentes establecidos en este país. En este sentido, abogo por establecer planes. Otra cosa es cuándo se pueden abordar los mismos, pero sí se deben tener las directrices y objetivos concretos establecidos, es lo primero. Y se debe tener claro cómo actuar en caso de incendio, con simulacros incluidos. Tienen que estar previstas situaciones así.

El templo actual de la Santísima Trinidad fue levantado entre los años 1672 y 1683. Es un templo amplio y luminoso, alegre, de elegante sobriedad. Es la sede de la Cofradía del Rescate y Nuestra Señora de la Piedad, que tanta devoción tiene en Antequera y que sale en procesión del mismo el Martes Santo.

En el recinto convento-parroquial se encuentra la sede de la asociación Prolibertas, que ofrece casa de acogida para personas que han salido de la cárcel e inmigrantes y ejerce de capellanía a la cárcel de Archidona. El último robo que ha sufrido fue en marzo de 2019, en el que se sustrajeron dos copones con hostias sagradas.

Creo que, en general, los sistemas de seguridad en las iglesias son inseguros y sin normativas específicas. No se trata de tener elementos de seguridad como en una vivienda, sino adecuados e industriales.

El primer incendio

En 1932 hubo una manifestación del gremio de albañilería. Fue una manifestación violenta, que en la Cruz Blanca alcanzó el cenit. En la manifestación, entre otras cosas, se asaltó una armería y se robaron sus pistolas y demás armas.

Los manifestantes fueron a la gasolinera, al otro lado de la calle, junto a la iglesia, y llenaron cubos de gasolina, que arrojaron sobre la puerta de la iglesia y le prendieron fuego. Los religiosos salieron a apagarlo con agua, pero fueron apedreados y se les impidió.

La Guardia Civil a caballo intentó dispersar la manifestación. En la plaza de San Sebastián se oyeron disparos, se le disparó al caballo de un sargento. La situación se complicó y se fue de las manos. Al final hubo un muerto entre los huelguistas, en enfrentamientos violentos. Precisamente, donde más alboroto había era en la Cruz Blanca.

Todos los curas, menos el más viejo, despejaron los bancos y maderas para que no prendiese el fuego en los mismos.

La fachada y el interior de la iglesia quedaron negros como el tubo de una chimenea.

El segundo incendio

En 1935 ocurrió un incendio fortuito, debido a un cortocircuito eléctrico en una instalación obsoleta. Así se piensa que pudo haber ocurrido. Fue devastador, porque las llamas destruyeron el maravilloso altar mayor con sus esculturas y cuadros.

Se acudió con mucha rapidez, pero no con los medios adecuados para combatir las llamas, que prendieron también en algunos otros altares, destruyendo imágenes y objetos de culto. Ese incendio fue de noche, a la una de la madrugada. Muchos vecinos hicieron cadenas, pasando los cubos de agua de unas manos a otras desde la fuente al pie de la explanada de acceso. Las llamas se extendieron por la bóveda. Fue un desastre. Mi madre, mis abuelos y todos sus hijos estuvieron colaborando en apagar el incendio. Llegaron los bomberos, pero el desastre estaba consumado. Las familias vecinas, abrazadas entre ellas en la calle, lloraban la desgracia, según me contaba mi madre.

El tercer incendio

El 18 de julio del año 2000, durante la madrugada, ardió un retablo de la Trinidad, situado en una nave, como consecuencia de una vela encendida en el altar. Se estima que al consumirse pudo caer sobre el mantel del altar, destruyendo un retablo barroco maravilloso del siglo XVII. Las llamas afectaron a la bóveda y a otros retablos cercanos.

33. La reina Victoria Eugenia en Antequera

A Antequera han venido diversos reyes y reinas con el paso de los siglos. Se podría hacer un libro de ello y sobre los cambios en los recibimientos habidos a través de los tiempos y exponer sus entornos.

A la reina consorte Victoria Eugenia, esposa de Alfonso XIII, le tengo una especial simpatía. Su marido le era absolutamente infiel e incluso en su lecho de muerte se negó a recibirla en Roma. No tuvo un comportamiento para nada correcto con ella.

La visita a Antequera no pudo ser más breve. Llegó en tren a las dos y media y salió en tren a las tres y cuarto. No llegó a la hora, pero se cuidó la visita con todo detalle.

Previamente, habían ido a recibirla a Bobadilla el diputado a Cortes don José de Luna Pérez, el diputado provincial don José García Berdoy y el exalcalde don José León Motta.

La estación de tren de Antequera estaba preciosamente decorada, la banda de música tocaba la *Marcha Real* y una alfombra roja se extendió hasta el coche. La plaza de la estación estaba repleta de personal vitoreándola y unos cuarenta coches formaban el séquito acompañante.

En la estación se congregaba la máxima representación de la nobleza antequerana, encabezada por la de más rango: la condesa viuda de Colchado, la marquesa de Fuente de

Piedra, la marquesa de la Peña, de Cauche, de Ariño. Aparte, el vicario, el alcalde y la presidenta de Cruz Roja.

La reina estaba haciendo una gira por Andalucía, visitando hospitales con heridos de la guerra de África. El hospital de la Cruz Roja en Antequera para los heridos de la guerra de África se instaló en lo que hoy es Colegio de María Inmaculada, amplio cómodo y de bella factura.

La reina subió a un coche descapotable, el mejor que había en Antequera, acompañada en el vehículo por la duquesa de San Carlos, otra marquesa y un coronel.

En la Cruz Blanca, en las aceras altas, niños y niñas aclamaban a la reina y soltaban palomas. El trayecto discurrió por las calles Lucena, Estepa, Alameda y llegó al Colegio de María Inmaculada. Las calles estaban llenas de gente apiñada, diciendo «guapa» y «viva la reina». Un reto para el desahogo.

En el colegio, alfombra roja desde el coche y niñas guapas lanzando flores al suelo antes de su paso, situadas a un lado y otro de la alfombra. Visitó las cinco salas, con cien camas cada una, diciendo que le parecía estupenda la instalación y hablando con los convalecientes.

Se le entregó una caja de mantecados La Antequerana (la entrega la efectuó una de las empleadas, señorita Gracia González, de hablar rápido) y también un número de *El Sol de Antequera*, que prometió leer en el tren a Granada.

La anécdota es que se preparó un arco triunfal en la Cruz Blanca, diseñado por José María Fernández y por Francisco de Paula García, pero al instalarlo la grúa no estaba bien hecho. Total, que se cayó el trasversal de arriba y se hizo pedazos, así que en vez de arco triunfal se quedó el tema en dos columnas.

Fue una visita más que breve, pero seguramente la reina no tuvo nada que ver en ello, sino los organizadores del viaje.

La reina Victoria Eugenia salió para el exilio el 15 de abril de 1931, el día después de que se proclamase la República. Falleció el 15 de abril de 1969. Un año antes vino como madrina al bautizo de su nieto, nuestro Felipe VI. Inglesa de pura cepa, de familia real, después del exilio vivió en Suiza y Alfonso XIII, en Roma. Fue muy desdichada porque su marido tuvo un sinfín de amantes y no le echaba cuentas, si bien ella siempre estuvo a su lado, muy enamorada de él a pesar de ello y de la halitosis del rey.

Toda su vida se acordó de su viaje a Antequera, que rememoró en diversas ocasiones, y fue muy propagandista de nuestros mantecados. Se le recibió con mucho cariño.

34. La Virgen del Rosario y la peste

La peste ha sido la epidemia más terrible que ha azotado a la humanidad en los últimos siglos. Aquí nos referimos a la que asoló Antequera en 1679, que duró varios meses. No hay estadística de las defunciones provocadas, pero en Antequera se estima que fueron del orden de 10.000 personas. La población quedó en la mitad.

La causante se vio después que era una pulga que transmitía la bacteria desde las ratas a las personas, picando a ambas. Los infectados de dicha bacteria tenían en total unas catorce horas de vida. Cuando escupían tenían sangre en los mismos esputos, producía mucha sed, los ganglios de la piel engrosaban con contenidos que al reventar eran de olor pestilente. Una tragedia imparable.

A los fallecidos los enterraban con cal y con arena, en grandes zanjas comunes; la habitación que habían ocupado se blanqueaba con cal y los muebles, ropa y todo el contenido con el que había tenido contacto se quemaban. Las hogueras en las calles eran incesantes. Los cadáveres se recogían continuamente en carros que pasaban por las calles, recogiendo los mismos de las aceras.

Hubo peste en diversos años. Con los fríos se quitaba o disminuía enormemente.

La peste en 1649 en España se dio fundamentalmente por el sur, en Antequera de forma muy fuerte. El hospital de la peste estaba en Antequera en la plaza de San Bartolomé.

Las ciudades se aislaban para evitar contaminación. Ese año hubo una terrible sequía. Se pensaba que era una maldición divina y que éramos castigados por nuestras maldades. La solución, básicamente, era rezar mucho y pedir a Dios compasión.

En Antequera se recurrió a rezos muy diversos, pero sin éxito. La epidemia aumentaba. Se pidió permiso por el ayuntamiento al obispo para sacar en procesión a la Virgen del Rosario desde su sede, en la iglesia de Santo Domingo. El permiso se concedió con la observación de que se hiciera en secreto para que no hubiese aglomeraciones que sirviesen para aumentar la difusión de la enfermedad. Así se hizo, pero el pueblo de Antequera se informó y muchas personas salieron a rezar a la Virgen aunque tuviesen ese alto riesgo. El día antes de la salida, el 20 junio, llovió bastante.

Se quería que saliese la Virgen del Rosario porque varios feligreses habían informado de que mojando sus vendas en el aceite de las lámparas que iluminaban a la Virgen se habían curado.

Aparte de entierros de cadáveres, también en muchos casos se optaba por la opción de quemarlos. La peste en Europa ha diezmado en ocasiones a la población. Esta vez en Antequera estaba atacando con especial virulencia.

La Virgen del Rosario había sido donada por una señora antequerana a principios del siglo que nos ocupa. El trayecto previsto era desde la iglesia de Santo Domingo a la plaza de San Bartolomé.

Por lo visto hay explicaciones técnicas que desconozco, pero lo cierto y verdad es que la peste despareció prontamente de Antequera a partir de la salida de la Virgen del Rosario, con lo cual la misma alcanzó una popularidad y fervor enormes.

Se la nombró copatrona de la ciudad y se hicieron fiestas todos los años a primeros de octubre para celebrar el milagro, que tuvo una amplia resonancia nacional e incluso fuera, en otros países.

Había durante la epidemia quien rezaba y prometía que si su hijo curaba haría grandes donaciones a la iglesia. El marqués de la Peña de los Enamorados tuvo un hijo infectado.

Años después, en uno de estos festejos, estaba la plaza de Santo Domingo abarrotada de gente. Se desprendió el badajo del campanario, el cual pesaba catorce o quince kilos, y no mató a nadie, estando la gente apiñada. Se consideró un milagro, lo mismo que el anterior de haber suprimido la peste. Realmente, fue milagroso que no matase a nadie, cayendo sobre una masa de personas.

Milagros acumulados, muy diversos, se apiñaban sobre esta imagen, donada por la señora Catalina Fernández en 1627, no conociéndose su procedencia.

Las donaciones a la Virgen en su ajuar fueron muy importantes y hubo limosnas a la iglesia como señal de agradecimiento.

La Virgen del Rosario va muy unida a Antequera. Actualmente, la imagen se encuentra en la iglesia de Santo Domingo. Hay también un maravilloso cuadro de la ciudad y la peste, digno de ver, y otro pequeño con el milagro del badajo.

Ya en el mundo moderno habíamos pensado que las epidemias habían sido controladas por la medicina actual y eran cosa del pasado, pero no es así. Ahora con otros modelos y más difíciles de combatir, ya veremos dónde nos lleva el coronavirus, ahora y en el futuro.

35. La leyenda del cierre de la iglesia de Madre de Dios

Días antes del encierro obligado del coronavirus, callejeando por Antequera se me acercó una persona bastante mayor que yo (que ya soy yo mayor). La misma me comentó posteriormente que tenía 92 años.

La historia que me relató probablemente no sea verdad, no lo sé, y por ello no pensaba ponerla en este libro. Él, desde luego, me la explicó con mucho énfasis y observaba yo cómo sus ojos le brillaban al hacerlo.

—José Luis —me dijo—, te lo cuento a ti porque ya estoy mayor y es bueno que lo sepas. Soy amigo de tu familia desde hace muchos años y sé que te interesan estos temas.

Estuve, literalmente, toda la noche sin dormir, dando vueltas en la cama. Por eso me he levantado un poco tarde y cansado y le he dado a la mente vueltas y vueltas. Finalmente, he decidido contarla tal como me la contaron. Nunca voy a desvelar el nombre del señor mayor porque así me lo pidió y he de ser consecuente con mis compromisos. Y no afirmo, desde luego, que la historia sea verdad ni tampoco mentira. No sé, estoy desconcertado.

Según se me cuenta, en 2004, una noche de noviembre, muy tarde, a las cuatro de la mañana aproximadamente, una furgoneta grandota y negra entra silenciosa por calle Chimeneas, que es la calle que une Herrezuelos con Lucena. Un lado de la calle es el convento de las monjas de Madre de Dios.

La furgoneta es silenciosa y, en la calle estrecha, ocupa casi todo el ancho de la misma. Se pega a la puerta que da la entrada a la residencia del convento, subiéndose en la estrecha acera. La puerta corredera se abre con mucho cuidado para que no haga el menor ruido. Con mucho cuidado se carga la furgoneta de cajas y objetos, que no se aprecian desde la calle porque esto se hace por un lateral, el que está pegado a la puerta del convento. No se encienden las luces ni de la residencia ni de la furgoneta para esta operación. Se trata de que no se entere ningún vecino.

Las pocas monjas del convento entran en la furgoneta, no sin cerrar cuidadosamente la puerta de la residencia, y con mucho cuidado el conductor cierra la puerta de la furgoneta poco a poco para que no haga el ruido característico del cierre de la puerta de un coche.

Varias monjas abrazadas lloran entre sí, en silencio, pero con lágrimas abundantes.

—Hermana —le dice una a otra—, esta no es forma de irse.

—Sí, lo sabemos —le contesta—. Pero hemos de obedecer las instrucciones que tenemos de la superioridad. Es nuestro deber, no tenemos otra alternativa.

La furgoneta arranca sin hacer ruido y sale para calle Lucena, perdiéndose en la oscuridad de la noche hacia un destino desconocido.

Antes de cerrar la puerta del convento por donde han salido, la priora, con una linterna, se acerca a su despacho y empuja la puerta comprobando que está cerrada con llave, llave que ella lleva en el bolsillo.

En la puerta del despacho, clavado, hay un cartel metido en funda de plástico: «No abrir la puerta, salvo en presencia del vicario de la ciudad y del señor alcalde, por favor». El cartel es enigmático.

Dentro del despacho de la priora hay, encima de la mesa, un cofre antiguo de plomo. Este no lleva cerradura, pero dentro hay un sobre con el sello del convento, el año en curso, 2004, y la siguiente inscripción: «No abrir hasta el año 2104 en presencia de la máxima autoridad de la ciudad de Antequera».

¿Qué ha ocurrido en el convento de Madre de Dios? Es, probablemente, una de las obras más impresionantes de la ciudad, una iglesia alta y majestuosa, en un sitio muy céntrico. Ocupaba toda la manzana con su huerto, residencia en buenas condiciones de habitabilidad y una iglesia magnífica. Uno de los emblemas más destacables de Antequera.

Han pasado años, ya estamos en 2020, y no ha podido entrar nadie. Que yo sepa, o al menos eso me han contado, no ha sido posible entrar ni para hacer una obra en la torre ante el peligro de caída de unas tejas, reparación que hubo que hacer desde fuera. Es muy misterioso. Que un edificio lleno de historia, de siglos, permanezca cerrado sin que entre nadie es muy malo para su conservación; puede haber goteras, humedades que poco a poco vayan avanzando y lo destruyan o causen unos daños irreparables o reparables con mucho dinero. No es lógica, de ninguna manera, esta circunstancia. No tiene sentido alguno.

¿Y las pinturas y esculturas de la iglesia? ¿Están o no están dentro? ¿Y los enseres de la residencia y los libros antiguos? Sobre todo las piezas textiles, mantos de vírgenes y ropas de cura para oficiar la misa, es probable que se estén deteriorando más que aceleradamente porque no entra nadie, porque la prensa no habla de ello. Yo al menos no le leído nunca nada. Nadie sabe nada.

¿Qué ha ocurrido en Madre de Dios? ¿Por qué las monjas se fueron, se comenta, sin despedirse de nadie? No tiene sentido alguno.

Muchas incógnitas. Si después de la marcha hubiesen entrado algunas personas habilitadas para ello para inspeccionar el grado de mantenimiento, las dudas se hubiesen despejado. Pero no, cerrado a cal y canto; la autoridad religiosa que tenga que dar permiso no lo da. ¿Por qué? ¿Qué explicación tiene? Es un tema que no tiene ninguna lógica que un patrimonio de valor, de gran valor, esté oculto, probablemente arruinándose con el tiempo.

¿Qué ha ocurrido en aquel recinto? ¿Por qué se me comenta que hay un escrito para no hablar hasta el año 2104, cien años más tarde? Yo creo que no aguanta un edificio cerrado tanto tiempo. O bien se abrirá y se respetará la petición de no leer el escrito. ¿O se leerá el escrito antes de la fecha? Esto lo dudo, no sé.

Lógicamente, entiendo que si es verdad la madre superiora bien debe de saberlo. ¿Pero dónde está? ¿Vive todavía?

Mientras, pasamos por la puerta de la inmensa mole, la cual, al estar embutida entre otros muchos edificios, no luce debidamente. Se oculta la belleza ante bloques, algunos modernos, que son bofetadas al alma. Y allí, entre edificios de pisos modernos, un patrimonio histórico impresionante con las puertas cerradas a cal y canto.

¿Qué ha ocurrido en el recinto de la iglesia y convento de Madre de Dios? Alguna explicación lógica ha de tener y nadie la sabe. Quizá haya que esperar a 2104, no lo sé.

En fin, al menos me he desahogado y no me quedo con esto dentro. Será cierto o no, no lo sé. El tiempo dirá. Yo sí siento pena de que, seguramente, con la edad que ya tengo, no podré volver a entrar a la iglesia de Madre de Dios. No soy el único; muchísimos antequeranos pensamos lo mismo. Eso sí que lo siento.

Debería comprarla una cofradía y tener allí su sede, como pasa con la iglesia del Socorro, propiedad de la cofradía y cuidada que es una maravilla. En fin, algo, antes de que sea tarde o muy costoso. Los antequeranos de ahora tenemos derecho a disfrutar nuestra iglesia de siempre. Y el convento podría tener una actividad que se puede estudiar y no permanecer cerrado y arruinándose. Los que lo están permitiendo, espero, no pensarán en ir al cielo.

Ante este cúmulo de despropósitos de orden natural, como todo tiene explicación, probablemente cabe la opción de que el recinto guarde un secreto, como me contó este señor que me abordó por la calle y al que no he vuelto a ver. Quizá la razón sea un secreto que no sabemos, pero para desvelarlo tengamos que esperar a 2104. Quizá ese secreto dé la explicación a una situación que para los ciudadanos de a pie es absolutamente inexplicable.

36. Por qué el nombre de San Zoilo (también San Francisco) a la iglesia más antigua de Antequera

Siempre me ha extrañado el nombre de San Zoilo, no es normal en el vocabulario castellano este nombre. Nunca he sabido por qué se le dio este nombre a la iglesia más antigua de Antequera.

He indagado sobre ello. El infante don Fernando, antes de marcharse de Antequera, ya dejó dicho que se construyera una ermita exactamente donde él tuvo la tienda de campaña durante el asedio, que era donde está ahora la iglesia de San Zoilo, también llamada iglesia de San Francisco. Tiene dos nombres.

Así se hizo. Se construyó la pequeña ermita y, posteriormente a 1410, cuando en 1492 se ganó Granada, los Reyes Católicos reseñaron que se construyese una iglesia en Antequera bajo la advocación de San Zoilo. El tema lo tenían los antequeranos claro: el mismo sitio donde estaba la ermita.

El nombre de San Francisco corresponde a que dicha iglesia-convento fue llevada o adjudicada a los franciscanos de la Orden de Observantes.

San Zoilo era el patrón de los enfermos con piedras en el riñón y el infante don Fernando, que era extremadamente delgado y frágil de salud, padecía esta enfermedad, que lo acabó matando a los pocos años de la conquista de

Antequera, en una muerte muy dolorosa. Era normal, por consiguiente, que el infante reseñara que se construyera una ermita a nombre de San Zoilo.

Pero ¿y los Reyes Católicos? Pues los Reyes Católicos tuvieron a su hijo Juan en Sevilla, en los Reales Alcázares. Estaba destinado a ser el heredero de forma clara, pero falleció con aproximadamente veinte años. Tenía una delgadez tremenda y estaba mal de salud. Se casó muy joven con la princesa Margarita, que, por lo visto, era bellísima. Los médicos y asesores indicaron al rey don Fernando el Católico que apartase una temporada a su hijo Juan de su mujer, pues él estaba débil y esto era consecuencia de una intensa actividad sexual, que podría terminar matándolo. Eran las creencias médicas de aquellos tiempos.

Los Reyes Católicos eran más prácticos. El aspecto del príncipe Juan, futuro heredero, era parecido al abuelo del rey Fernando, que era el infante don Fernando. La reina Isabel también tenía cierto parentesco con el infante don Fernando. Los Reyes Católicos pensaban que su hijo Juan tenía el mismo problema que el infante, piedras en el riñón, y de ahí que indicasen que se pusiera la primera iglesia de Antequera a nombre de San Zoilo.

San Zoilo de Córdoba fue el primero de una veintena de mártires cordobeses que perecieron en los inicios del siglo IV, bajo la persecución romana de Diocleciano.

En la historia viene reseñado San Zoilo como una persona joven que manifestaba públicamente su cristianismo. Junto con la suya se hicieron una serie de detenciones por la misma causa.

Se intentó negociar con San Zoilo que renunciara a la fe cristiana, pues era el más representativo del grupo y se pensaba que renunciando él los demás le seguirían. Estas negociaciones fueron infructuosas, porque era el mismo San Zoilo el que quería convertir al catolicismo a su juez. Entonces lo azotaron, pero siguió tan pancho y al verdugo se le ocurrió sacarle los riñones por la espalda para que tuviese una muerte atroz y de dolores indecibles. Así procedió, pero no consiguió ni que se quejara. Ya desesperado, le cortó la cabeza. Por ello, porque le arrancaron los riñones, es el patrón de las personas que tienen este mal.

Por cierto, la Fuente de la Piedra, hoy municipio independiente, pero que en aquellos tiempos era de Antequera, tenía fama desde el inicio de la era cristiana de que su agua era buena para las piedras en el riñón.

En su testamento, el príncipe de Asturias, Juan, el hijo de los Reyes Católicos, reafirmaba el deseo comentado y dejaba en el mismo una dote económica para que se construyeran la iglesia y el monasterio de Antequera, lo que, como había fondos, se efectuó con cierta rapidez.

Las piedras en el riñón se llevaron a la tumba de forma muy prematura al infante don Fernando en lo mejor de su trayectoria. Igualmente ocurrió con el descendiente del mismo, el príncipe Juan, que apuntaba buenas maneras y había tenido una educación muy esmerada y tenía a su favor a la opinión pública. Estos problemas médicos fueron la causa de que tengamos la iglesia de San Zoilo y su enorme convento, en el que, debidamente rehabilitado, tenemos ubicada la Biblioteca Supramunicipal. Agraciadamente, ha podido salvarse.

Es curioso lo de la procedencia del nombre de dicha iglesia. Me ha costado mucho tiempo llegar a ello.

Epílogo

El amor a Antequera, a su historia y a sus tradiciones

El escudo de Antequera es un escudo totalmente del infante don Fernando, como líder y responsable de la conquista. En el mismo aparecen las letras «ATQPSA», que son las siglas de «Antequera Por Su Amor», junto a la jarra de azucenas, en alusión a la orden que fundó el infante, basándose en antiguas ya caducadas, por la cual él nombraba caballeros de la misma a aquellas personas que consideraba. El único requisito era participar en algunos actos los 15 de agosto y llevar como distintivo esa fecha, en esos actos, un collar específico.También se celebraba una reunión-comida para los que les fuese posible asistir.

Entiendo que «PSA» alude al gran amor que el infante tenía por Antequera o viene a simbolizar esta predilección, aunque, lógicamente, en la elección para su conquista entran en juego muchos factores. El infante era hermano del rey de Castilla y después fue rey de Aragón. En definitiva, es el emblema del infante, con el castillo y el león y con la jarra de azucenas y las siglas referenciadas.

Sí es bastante nítido que Antequera, por su historia, por su enclave de caminos, por sus tradiciones, por muchas circunstancias, tiene un bagaje cultural muy importante y una historia realmente intensa y repleta de hechos, de leyendas y de vida.

De los antequeranos depende que en el futuro sea una ciudad nueva, con edificios de nuevo corte, dando la espalda al pasado, o bien sea una ciudad que conserve sus bienes patrimoniales, su entorno y tenga una personalidad propia. Porque si una iglesia, por ejemplo, es demolida es un patrimonio que jamás van a tener las nuevas generaciones y hemos de ver que las próximas generaciones tengan un patrimonio riquísimo del pasado, aparte del que puedan generar para el futuro en nuevos sectores a construir y no en el histórico. Es nuestra obligación dejar a los antequeranos esta riqueza histórica en todos sus ámbitos.

Este libro, escrito con mi modesto ordenador, podría unirse a otros de estilo similar. Y si en este hay 36 puntos, junto con otros que hay escritos y otros por escribir se podría llegar a mil. Antequera tiene para eso y para más.

El futuro, en alta medida, es nuestro pasado.

FIN

www.ingramcontent.com/pod-product-compliance
Lightning Source LLC
LaVergne TN
LVHW010607160826
845677LV00013B/3291

* 9 7 8 8 4 1 8 4 7 0 0 4 2 *